기가 막힐 웅덩이에서 부르는
새 노래

기가 막힐 웅덩이에서 부르는 새 노래

지은이 김종원
펴낸이 김명식
펴낸곳 (주)넥서스

초판 1쇄 인쇄 2015년 1월 25일
초판 1쇄 발행 2015년 1월 30일

출판신고 1992년 4월 3일 제311-2002-2호
121-893 서울시 마포구 양화로 8길 24
Tel (02)330-5500 Fax (02)330-5555

ISBN 979-11-5752-257-6 03230

www.nexusbook.com
넥서스CROSS는 (주)넥서스의 기독 브랜드입니다.

기가 막힐
웅덩이에서 부르는

새 노래

김종원 지음

넥서스CROSS

기가 막힐 웅덩이에서 부르는
새 노래

기독교 저술가로 유명한 필립 얀시는 우리가 들으면 시험에 빠질 만한 제목의 책을 썼다.《하나님, 당신께 실망했습니다》

이것을 보면 가슴이 철렁하다. '이래도 되나?'라는 생각이 먼저 든다. 원제목은 'Disappointment With God'이라고 해서 '하나님께 대한 실망'인데, 출판사가 실감나게 제목을 붙였다.

이 책에는 하나님께 실망한 사람들의 이야기로 가득하다. 그중에 남미 페루의 정글 지역에서 선교하던 한 젊은 선교사 이야기가 마음에 남는다. 그에게는 6개월 된 아들이 있었다. 선교지의 고단한 삶을 다 잊도록 만들어 주는 사랑스런 아들이었다.

그런데 어느 날 갑자기 아이가 구토와 설사를 반복하다가 끝내 세상을 떠났다. 크게 좌절한 선교사는 그 아이를 땅에 묻고 무덤 옆에 작은 나무를 하나 심었다. 그런 뒤 하루 중에 가장 무더운 시간이 되면 무덤에 찾아와 나무 옆에서 한참을 서 있었다. 마치 하나님은 내 아들을 방치했지만 나는 나무를 뜨거운 태양으로부터 끝까지 지킬 거라고 데모하듯이 말이다.

결국 선교사도 병들어 아내와 함께 본국으로 송환되었다. 사역의 결과가 하나님 나라 확장이 아니라 아들의 죽음으로 끝난 것이다. 우리는 이런 글을 읽으면, 감히 하나님께 이런 질문을 하고 싶다.

"하나님, 당신의 자녀들이 고통당할 때 도대체 어디에 계십니까?"

우리도 여러 가지 상황 속에서 같은 탄식을 할 때가 많다. 아무리 기도해도 내 삶에는 고통과 환난이 끊이지 않을 때, 그때 우리는 하나님의 사랑과 자비에 대한 확신이 흔들린다.

2009년 경산중앙교회 담임 목사로 부임할 즈음하여 우리 집안에 기둥 같은 큰누님이 담낭암 수술을 받았다. 처음 병원에 갈 때는 담석 시술을 하려던 것이었다. 그런데 시술 중에 암이 발견된 것이다. 내과 시술에서 외과 수술로 전환되어 10시간 가깝게 담낭을 절제하고 전이된 간의 일부는 제거했다. 게다가 의료진이 소화 기관까지 절제해야 한다고 할 때, 가족들은 수술을 중단시켰다. 어차피 항암 치료가 의미 없다면 소화 기관이 남아야 자연 치료라도 시도할 수 있다는 판단이었다. 이렇게 누님의 투병 생활은 시작되었고 동생인 내가 도울 방법이 없어 정말 안타까웠다. 그때 성경을 펼치고 묵상한 말씀이 시편 40편이었다.

내가 여호와를 기다리고 기다렸더니 귀를 기울이사 나의 부르짖음을 들으셨도다 나를 기가 막힐 웅덩이와 수렁에서 끌어올리시고 내 발을 반석 위에 두사 내 걸음을 견고하게 하셨도다 새 노래 곧 우리 하나님께 올릴 찬송을 내 입에 두셨으니 많은 사람이 보고 두려워하여 여호와를 의지하리로다 (시 40:1-3)

그때 마치 하나님이 계시하여 받아 적듯이 작성한 설교가 '기가 막힐 웅덩이에서 부르는 새 노래'였다. 입원 중인 누님과 이 말씀을 나누면서 새 노래를 입에 넣어 부르게 하실 주님을 소망했다. 하나님이 병실에서 허락하신 새 노래로 누님은 다른 환자들과 의료진들에게 복음을 전했다. 또 우리 가족 중에 유일하게 주께 돌아오지 않았던 매형을 전도하고 하나님의 부르심을 받았다. 그렇게 쓰임 받은 '기가 막힐 웅덩이에서 부르는 새 노래'는 경산중앙교회 강단에서 나의 첫 설교가 되었다.

당신도 하나님께 실망했다고 말하고 싶은가? 하나님이 어디에 있느냐고 묻고 싶은가? 지금 기가 막힐 웅덩이와 수렁 가운데에 있는가?

어떤 형태로든 기가 막힐 웅덩이에서 끌어올리시는 주님을 소망하며 인내하기 바란다. 또한 기가 막힐 웅덩이에서 부를 새 노래를 준비하시는 하나님을 기억하면서 쓰러진 자리에서 일어설 수 있기를 기대한다. 왜냐하면 새 노래는 기가 막힐 웅덩이를 경험해야만 부를 수 있는, 형통한 날에는 절대 부를 수 없는 인생의 진국이 담긴 노래이기 때문이다.

주의 성도들아 여호와를 찬송하며 그의 거룩함을 기억하며 감사하라 그의 노여움은 잠깐이요 그의 은총은 평생이로다 저녁에는 울음이 깃들일지라도

아침에는 기쁨이 오리로다(시 30:4-5)

2015년 한 해는 하나님 앞에서 잘 살고 싶다. 그러나 목회자인 나와 주변 성도들의 삶을 보면 이 땅에서 살아가는 게 녹록지 않다. 힘차게 시작했지만, 어쩌면 기가 막힐 웅덩이가 기다리고 있을지도 모른다. 그러나 그 웅덩이에서 새 노래를 부르게 하실 하나님을 확신한다.

지난 7년 동안 '기가 막힌 웅덩이에서 부르는 새 노래'부터 시작해 매주 경산중앙교회 강단을 축복하신 하나님을 찬양한다. 함께 순전한 마음으로 말씀을 나눈 성도들을 축복한다. 지난 시간 성도들과 함께 울고 웃었던 말씀의 은혜에 비하면 이 책은 극히 일부분에 지나지 않는다. 그러나 이 말씀이 기가 막힐 웅덩이에 있는 또 다른 성도들에게 위로의 메시지가 되면 좋겠다. 언제나 새 노래로 인도하실 주님을 소망하고 기대한다.

경산중앙교회
김종원 목사

기가 막힐 웅덩이에서 부르는 *새노래*

내가 확신하노니 사망이나 생명이나 천사들이나 권세자들이나
현재 일이나 장래 일이나 능력이나 높음이나 깊음이나 다른 어떤 피조물이라도
우리를 우리 주 그리스도 예수 안에 있는 하나님의 사랑에서 끊을 수 없으리라
〈롬 8:38-39〉

Part 1

오늘의 삶을
바꾸고 싶은
당신에게

삶의 태도가
삶의 질을 결정한다

건망증이 심한 아주머니가 택시를 타고 어디론가 가고 있었다. 그런데 한참을 가다 보니 목적지를 까먹고 말았다. 아주머니는 마음을 졸이다가 어쩔 수 없이 택시 기사에게 물었다.

"아저씨 죄송하지만, 제가 어디 가자고 했죠?"

택시 기사가 깜짝 놀라면서 고개를 돌려 말했다.

"아줌마 언제 탔어요?"

기사도 손님을 태웠다는 걸 잊은 것이다.

성경은 이스라엘 백성이 애굽에서 종살이하다가 광야를 거쳐 약속의 땅, 가나안에 들어가는 여정을 신앙생활로 비유하곤 한다.

나일강을 끼고 있는 이집트가 성경에 나오는 애굽이다. 겉으로는 풍요로운 땅처럼 보이지만, 이스라엘 백성은 여기에서 노예로 살았다. 마치 우리가 과거에 세상에서 죄를 먹고 마시면서 죄의 종노릇하며 살던 것처럼 말이다. 그런데 하나님이 종노릇하던 이스라엘 백성들을 애굽에서 탈출하도록 건져 주셨다. 마치 어느 날 우리에게 예수를 믿고 싶은 마음이 들도록 하신 것처럼.

이스라엘 백성은 애굽에서 탈출했지만, 하나님이 예비해 놓은 젖과 꿀이 흐르는 땅인 가나안으로 들어가기 위해 꼭 지나야 했던 곳이 있었다. 바로 광야이다.

우리도 마찬가지다. 죄의 종노릇한 삶에서 벗어나 탈출했다. 하나님의 자녀가 된 것이다. 그러나 우리는 여전히 이 땅에서 살아야 한다. 광야를 걸어가야 한다. 그렇다면 이 광야를 어떻게 걸어가야 할까? 애굽에서 종살이하던 사람처럼 불평하며 살아야 할까? 아니면 가나안의 축복을 바라보는 자답게 감사하며 가야 할까?

당연히 감사다! 그런데 참 이상하다. 하나님을 향한 불평이든, 사람을 향한 원망이든, 세상을 향한 한탄이든, 이상하게 오늘날을 살아가는 성도들 역시 이스라엘 백성처럼 불평과 불만 속에서 살아간다.

이스라엘 자손이 다 모세와 아론을 원망하며 온 회중이 그들에게 이르되 우리가 애굽 땅에서 죽었거나 이 광야에서 죽었으면 좋았을 것을 어찌하여 여호와가 우리를 그 땅으로 인도하여 칼에 쓰러지게 하려 하는가 우리 처자가 사로잡히리니 애굽으로 돌아가는 것이 낫지 아니하랴(민 14:2-3)

이스라엘 백성이 바로의 손에서 구해 달라고 해서 하나님이 열 가지 재앙에, 멀쩡한 바다까지 갈라 주었다. 그런데 이스라엘 백성은 택시에 탄 기사와 손님처럼 지난 시간을 까맣게 잊었다. 홍해를 건널 때 신에 묻은 흙이 마르기도 전에, 이제는 목말라 죽겠다고 물을 달라고 아우성친다. 쓴물을 단물로 변화시켜 목을 축이게 하니, 이제는 배고파 죽겠다고 난리다. 하나님은 굶주린 이스라엘 백성에게 만나를 주시고, 고기 먹고 싶다고 할 땐 메추라기로 먹이시고, 목이 마르다고 할 땐 반석에 물을 터트려 그들의 필요를 다 채우셨다. 밤에는 추울까 봐 불기둥으로, 낮에는 현기증을 느낄까 봐 구름 기둥까지 만들어 줄 정도다. 이쯤 되면 이스라엘 백성이 철 좀 들어야 되는 것 아닐까?

하나님이 아들을 피 흘려 죽이기까지 우리를 사랑하셨는데, 뭐가 모자라서 입이 툭 튀어나와 불평하고 있을까? 도대체 왜 그럴까? 그것은 종의 근성을 버리지 못했기 때문이다. 출애굽은 했지만, 하나님의 자녀가 되긴 했지만, 여전히 삶의 태도는 '투덜이'이다. 불평하는 노예근성을 벗지 못해서다.

삶의 태도가 중요하다!

어떤 객관적인 사실보다 그것에 대한 우리의 '반응', 즉 우리의 '태도'가 인생을 좌지우지한다. 광야를 지나 이제는 정말 꿈꾸던 가나안이 눈앞에 있다. 이 땅을 정탐하기 위해서 12명을 보냈다. 그들은 40일 동안 그곳을 샅샅이 조사했다. 돌아와서 보고한 그 땅의 현실이 어떠했는가? 12명 모두가 동의한 사실이 있었다.

> 바란 광야 가데스에 이르러 모세와 아론과 이스라엘 자손의 온 회중에게 나아와 그들에게 보고하고 그 땅의 과일을 보이고 모세에게 말하여 이르되 당신이 우리를 보낸 땅에 간즉 과연 그 땅에 젖과 꿀이 흐르는데 이것은 그 땅의 과일이니이다 그러나 그 땅 거주민은 강하고 성읍은 견고하고 심히 클 뿐 아니라 거기서 아낙 자손을 보았으며(민 13:26-28)

그 땅에 대한 정확한 '사실(Fact)'이 무엇인가? 첫 번째 사실은 젖과 꿀이 흐르는 땅이란 것이다. 하나님이 주시겠다고 약속하며 여기까지 인도하실 만했다. 정탐꾼이 포도송이가 달린 나뭇가지를 막대기에 꿰어 올 정도였다. 이와 반대로 두 번째 사실은 비옥한 땅에는 견고한 성읍이 있었고 이미 그곳에는 거인 족속이 살고 있었다. 이것이 이스라엘 백성 앞에 놓여 있는 '사실'이었다.

그런데 이 사실에 대한 태도는 각각 달랐다. 갈렙과 여호수아는 상기되어서 그 땅을 허락하신 하나님의 은혜에 감사했다. "과연 여기까지 우리를 인도해 올 만했다"라고 말했다.

그런데 나머지 10명의 정탐꾼은 어떤 태도를 취했나?

> 거기서 네피림 후손인 아낙 자손의 거인들을 보았나니 우리는 스스로 보기에
> 도 메뚜기 같으니 그들이 보기에도 그와 같았을 것이니라(민 13:33)

그 유명한 메뚜기 콤플렉스가 여기서 나온다. 정탐꾼들은 자신들을 유재석 패밀리 즉 메뚜기 같다고 말했다. 반응이 정반대다. 한쪽은 감사했고, 한쪽은 메뚜기 콤플렉스를 드러내며 불평했다. 사실 이건 충분히 있을 수 있는 반응이다. 정탐꾼들은 가서 보고 느낀 것을 말한 것뿐이다. 그런데 결과는 완전히 다르다.

> 내가 그들의 조상들에게 맹세한 땅을 결단코 보지 못할 것이요 또 나를 멸시
> 하는 사람은 한 사람도 그것을 보지 못하리라 그러나 내 종 갈렙은 그 마음이
> 그들과 달라서 나를 온전히 따랐은즉 그가 갔던 땅으로 내가 그를 인도하여
> 들이리니 그의 자손이 그 땅을 차지하리라(민 14:23~24)

한쪽은 가나안에 들어가고, 다른 한쪽은 못 들어간다. 한쪽은 쳐다만 보고, 다른 한쪽은 들어가 그 땅의 주인이 되었다. 결과가 이렇게 달라진 이유가 무엇일까? 이것은 가나안이 비옥한지 아닌지, 가나안에 자리 잡은 족속들이 강한지 아닌지와 같은 사실 때문이 아니다. '사실'은 그대로다. 그런데 그 사실에 대한 태도에 따라 운명이 달라진다.

그렇기 때문에 태도가 중요하다.

우리는 살아갈 때도 사실에 관심이 많다. "몇 평짜리 아파트에 살고 있는가?", "연봉이 얼마인가?", "아이 수능 성적이 몇 점인가?"

그러나 잘 기억해야 한다. 삶의 질은 결코 아파트 평수에서 나오지 않는다는 것을 말이다.

지금 삶의 현장에서 가장 중요한 것은 내가 어떤 태도를 취하며 사는가에 달려 있다. 불평하면 불평에 맞는 삶으로, 메뚜기라고 하면 메뚜기처럼 되는 것이다. 그러면 어떤 태도를 취해야 할까? 현재의 상황을 뛰어넘는 믿음의 태도를 취하면 가나안의 축복을 받아 누리는 주의 종이 될 수 있다.

불평의 입술을 막아라!

"그 땅을 차지하리라!" 하고 말한 갈렙의 태도를 보자. 갈렙은 정탐한 그 땅에 대해서 전혀 불평하지 않았다. 어떻게 보면 갈렙도 "실컷 고생해서 여기까지 왔는데 이 땅은 기름지고 축복된 땅이지만 그 앞에 거인족 아낙 자손이 가로막고 있다"라고 말할 만하지 않은가? 그러나 갈렙은 불평을, 입에서 나오는 원망을 틀어막았다. 다른 사람들이 "우리는 메뚜기에 불과하다"라고 말해도 갈렙의 입에서는 믿음의 반응이 나온다.

다만 여호와를 거역하지는 말라 또 그 땅 백성을 두려워하지 말라 그들은 우리의 먹이라 그들의 보호자는 그들에게서 떠났고 여호와는 우리와 함께하시느니라 그들을 두려워하지 말라 하나(민 14:9)

우리는 여기서 중요한 영적 원리를 배울 수 있다. 불평만 하지 않아도 우리는 믿음으로 반응할 수 있다. 불평만 하지 않아도 믿음으로 선포할 수 있다. 입에 붙어 있는 불평과 원망이 문제다. 더욱 심각한 것은 불평을 하면, 불평에 맞게 사실을 왜곡시킨다. 〈민수기〉 13장 32절이 그 증거다. 10명의 불평꾼들 이야기를 들어 보자.

이스라엘 자손 앞에서 그 정탐한 땅을 악평하여 이르되 우리가 두루 다니며 정탐한 땅은 그 거주민을 삼키는 땅이요 거기서 본 모든 백성은 신장이 장대한 자들이며(민 13:32)

키가 거대한 사람들이 그 땅에 먼저 있었던 것은 사실이다. 그래서 자신들이 메뚜기처럼 초라하게 보였다. 그들은 그 땅을 아주 몹쓸 땅이라고, 거기 들어가면 살아남을 수 없을 거라고 말했다. 이들이 그렇게 이야기할 때, 어깨 위에는 뭐가 들려져 있었나? 혼자 들기도 버거워 두 사람이 같이 멘 포도송이 꾸러미가 있었다. 그러면서도 그곳을 거주민을 삼키는 땅이라고 악평한다. 거짓말을 하는 것이다. 왜 그랬을까? 정탐 갔던 이들이 원래 사기꾼이라서가 아니다. 그들은 각 지파에서 뽑힌 신망받는 대표였다. 희한하게도 불평하면 내가 말하는 것에 딱 맞도록 보인다. 사실까지도 왜곡시키는 본능이 가동되는 것이다.

간혹 주부들이 "우리 남편은 쥐꼬리 만한 돈을 벌어 주면서 큰소리쳐요!"라고 말할 때가 있다. 남편의 월급이 정말 쥐꼬리 만한가? 정말 쥐꼬리를 보기나 하고 그렇게 말하는 것인가? 그런데 희한하게도 그렇게 불평하면, 정말로 쥐꼬리 만해진다. 못살겠다고 아우성치면 못살 만한 이유가 찾아진다. 그렇기 때문에 성도들은 어떻게 해서라도 입술에서 불평이 터져 나오는 것을 막아야 한다. 그것이 바로 우리가 축복을 받는 길이다.

불평의 습관을 막아라!

하나님은 불평이 입에 붙어 있던 이스라엘 백성에게 40년간 광야 생활을 하도록 하셨다. 우리는 성경 말씀 앞에서 이런 생각이 든다.

"하나님, 너무 심한 것 아닌가! 정탐하러 가서 거인을 만나니 겁이 날 수도 있지. 막상 나가서 싸울 생각하면 무서워서 악평할 수도 있고, 그것을 들은 이스라엘 백성이 원망할 수도 있지. 그걸 가지고 40년간 광야에서 뺑뺑이를 돌리시나! 하나님이 너무 하신 것 아닌가."

그러나 이스라엘 백성이 한 번 반응한 것으로 하나님이 그런 결정을 내린 것이 아니다.

> 내 영광과 애굽과 광야에서 행한 내 이적을 보고서도 이 같이 열 번이나 나를 시험하고 내 목소리를 청종하지 아니한 그 사람들은 내가 그들의 조상에게 맹세한 땅을 결단코 보지 못할 것이요 또 나를 멸시하는 사람은 한 사람도 그 것을 보지 못하리라(민 14:22-23)

하나님은 한 번의 불평이 아니라, 열 번 즉 불평의 습관을 징계한 것이다. 무엇을 보고 경험해도, 똑같이 불평하고 원망하는 삶의 태도, 불평의 습관을 가진 자들을 향해 진노한 것이다. 연약한 인간이 한두 번 원망할 수도 있다. 한두 번은 불평도 할 수 있다. 그러나 이게 습관이 되어 버린 사람에게는 더 이상 방법이 없다. 무엇을 줘도 불평만 할 뿐, 부족한 것부터 찾는다면 결과는 똑같다. 날씨가 더우면 더워서 죽겠고, 추우면 얼어 죽겠고, 비 오면 짜증나 죽겠다고 말한다. 철저하게 불평의 습관이 뿌리내린 것이다.

불경기에 매일 출근할 일터가 있으면 어떻게 해야 할까? 군 복무를 할 수 있는 건강한 몸이라면 어떻게 해야 하는가? 당연히 주어진 삶에서 감사가 먼저 흘러나와야 한다.

그런데 주부들은 남편에게 직장이 없으면 백수라서 불만이고, 직장이 있으면 퇴근이 늦다고 불만이다. 아이가 없는 불임 가정은 하나님이 아이를 안 주신다고 원망하고, 아이가 있으면 '아이 때문에 내가 못살아!' 하면서 불평한다.

왜 그럴까? 사람들의 인간성이 나빠서일까? 아니다. 불평하는 게 습관이 되었기 때문이다.

지난 한 주간 사역자를 뽑기 위해 면접을 많이 했다. 그러면서 느낀 것이 있다. 사역자에게 사역지가 없으면 '하나님은 나를 신학교까지 보내 놓고 왜 사역지를 안 주시는가'라고 원망한다. 반면 사역지를 주면 너무 힘들다고 입이 나온다. 도대체 하나님 보고 어떡하란 말인가!

불평은 하늘로부터 오는 축복을 가로막는다. 그래서 불평하는 습관은 뿌리 뽑고 반드시 고쳐야 한다.

한번 생각해 보자! 하나님이 왜 12정탐꾼을 파송했을까? 지금까지 하던 방식대로 하나님이 불기둥 구름 기둥으로 이스라엘 백성을 보호하면서 가나안에 들어가면 되지 않을까? 굳이 정탐하도록 하신 이유가 무엇일까?

하나님은 젖과 꿀이 흐르는 땅을 보여 주고 싶었을 것이다. 광야를 거쳐 이곳 가나안을 코앞에 두고, 마치 예고편을 보여 주듯이 맛보아 알라고 말이다. 하나님은 이스라엘 백성이 광야를 지나며 많이 힘들었으니 가나안을 보며 감사할 거라 생각하셨는지도 모른다. 아마 이스라엘 백성들이 놀랄 것을 기대하며 두근거리는 가슴으로 보여 주셨을 것이다. 그런데 불평이 습관이 된 사람에게는 무슨 축복을 보여 줘도 다 불평이다.

러시아의 대문호 도스토옙스키는 "인간은 감사할 줄 모르는 두발 달린 동물이다"라고 말했다. 불평하는 사람은 들어가는 것이 무엇이든 상관없이 나오는 것은 한결같다. 불평하는 사람은 아무리 좋은 것을 봐도, 일단 평가부터 한다. 불평할 것을 찾는다. 그 사람들은 그렇게 반응하도록 철저하게 훈련되었다.

반면 감사하는 사람은 뭘 봐도 거기서 감사의 제목을 찾아낸다. 어떤 사람이 거울을 보았는데 똥배가 보였다. 대머리가 보이고, 커다란 딸기코에 튀어나온 핏줄까지……. 살아온 세월을 원망할 것만 같았다. 그런데 그는 말했다.

"그래도 시력은 괜찮은 편이네."

감사하는 사람은 아주 신통하다. 아무것도 없는데 감사 제목을 찾아낸다.

여호와여 내 입에 파수꾼을 세우시고 내 입술의 문을 지키소서(시 141:3)

우리는 입술의 문을 지키기 위해 기도해야 한다. 입술의 문만 잘 지켜도, 불평의 입만 틀어 막아도, 믿음으로 반응할 수 있다. 믿음의 태도를 보이면 우리의 삶이 크게 달라진다. 우리 역시 〈시편〉의 시인처럼 기도해야 한다.

"여호와여! 내 입에 파수꾼을 세워 주소서!"

그렇다고 입술의 문을 굳게 닫기만 하면 안 된다. 감사를 표현해야 한다. 감사는 생각으로만 하는 것이 아니라, 구체적으로 기록하는 것이 좋다.

혹시 동조 현상이라는 말을 들어본 적이 있는가? 최근에 사회 심리학적으로 또는 자연 과학적으로 많이 연구되고 있다. 이는 같은 것이 같은 것을 끌어오는 현상이다. 쉽게 말하면 감사를 표현하니까 실제 감사할 것이 끌려오는 현상을 말한다. 동조 현상이 자연에 존재한다는 것이 밝혀진 지는 얼마 되지 않았다.

예를 들어 시계추가 달린 시계 몇 개를 같은 방에 두면 이상하게 추의 움직임이 같아지는 현상을 발견하게 된다. 여름밤에 청정 지역에 가서 반딧불을 만나면, 그들이 동시에 반짝이는 것을 발견하게 된다. 바로 이것이 동조 현상이다. 영적으로도 똑같은 원리가 적용된다. 감사를 구체적으로 표현하면 감사의 파장이 일어난다. 감사의 동조 현상이 일어나 하나님께 넘치는 감사를 드리게 될 것이다.

지난날 내가 부모, 배우자, 형제, 자녀에게 쏟아부은 저주의 말을 모두 회개하자. 상대에게 상처를 주고 그 상처에 소금을 뿌리듯 아픈 말로 가슴을 찌른 못된 습관을 모두 고치자.

만일 이것에 실패해 내 삶의 태도를 바꾸지 못하면, 여전히 불평과 원망의 습관을 벗지 못하면 어떻게 될까? 그 결과는 성경에 명백히 나와 있다.

너희는 내일 돌이켜 홍해 길을 따라 광야로 들어갈지니라(민 14:25)

지금 막 광야에서 나왔는데 다시 황량한 삶, 메마른 사막 같은 삶으로 돌아가야 한다는 것이다. 그런 사람은 예수를 믿어도 기쁨과 감동이 없고, 그저 지옥 가기 싫으니까 어쩔 수 없이 예수 믿는 인생이다. 지금까지 신앙생활을 한 세월이 아까워서 때려치우지도 못하고 광야를 돌고 도는 인생을 산다.

우리가 하는 기도의 응답이 더딘 것은 부정적이고 믿음 없는 태도 때문인지도 모른다.

사랑하는 당신이여! 이왕 예수 믿을 바에야 광야 같은 인생이 아니라, 가나안의 축복으로 살기를 예수님 이름으로 간절히 기도한다.

오늘의 삶을 바꾸고 싶은 당신에게

상위 10% 믿음

《죽을 때 후회하는 스물다섯 가지》
라는 책을 본 적이 있는가? 2010년 출간되어 몇 년간 베스트셀러에
올랐던 책이다. 나는 제목에 호기심을 느껴 샀는데, 아직 죽을 때가 아
니라고 생각해서 그런지 책꽂이에 두다가 얼마 전에 꺼내 읽었다.

'오츠 슈이치(大津秀一)'라는 일본 사람이 쓴 책인데, 이 사람은 말
기 환자의 고통을 덜어 주는 호스피스 전문의다. 그는 천 명이나 되는
환자의 죽음을 곁에서 지켜보며 "당신은 인생에서 무엇을 가장 후회
하나요?"라고 질문했다. 환자들의 대답을 엮어서 쓴 것이 바로 이 책
이다.

인생에서 남은 시간이 불과 몇 시간일 때, 이제는 몸을 제대로 움직일 수도 없는 바로 그 순간 환자들이 가장 후회하는 것이 무엇인지 아는가? 그것은 사랑하는 사람에게 고맙다고 말하지 못한 것이다. '고맙습니다. 감사합니다'라는 말에 인색했던 것이 후회하는 1순위였다.

나 역시 목사이다 보니 성도들의 마지막 가는 길을 지키는 경우가 많다. 그때 외마디 유언처럼 남기는 말이 무엇인지 아는가?

"통장 비밀번호는 뭐고, 아파트는 누구 앞으로 해라!"

그런 것을 말할 것 같지만 사실은 전혀 아니다. 그건 힘이 조금이나마 남아 있을 때의 말이다. 마지막 순간에 눈을 뜰 힘조차 없는 경우에 하는 말은 '미안하다'였다. 뭐가 그리도 미안한지 연신 '미안하다, 미안하다'라는 말을 내뱉는다. 그 다음에 많이 하는 말이 '고맙다'라는 말이었다. 그만큼 우리가 살아가면서 하지 못하고 사는 말이 바로 '고맙다'이다. 감사를 표현하지 못하고 살다가 정말 때늦은 후회를 하는 경우가 많다.

성경에도 이와 같이 살아가는 사람들이 있다. 어느 날 예수께서 예루살렘으로 들어가는 길에 사마리아 지역을 통과하고 있었다. 그때 나환자 열 명이 달려와서 예수님께 병을 고쳐 달라고 애원했다. 애원한 10명 중에 9명은 유태인이고, 1명은 사마리아인이었다.

원래 유태인이나 사마리아인은 모두 이스라엘 사람이었다. 그런데 앗수르 사람이 쳐들어와서 사마리아를 정복해 그들과 강제적으로 피를 섞도록 만들었다. 이방인의 피가 사마리아에 들어온 것이다. 그때부터 혼혈인이 생기기 시작했다. 정통성을 소중히 여기는 유태인들은 그 때문에 사마리아인을 천대하고 멸시했다. 그러나 나환자를 불쌍히 여긴 예수님은 깨끗이 고쳐 주었다. 나병이 이처럼 집단적으로 깨끗하게 나은 것은 기적 중에 기적이었다. 아마도 온 동네에 축제가 벌어졌을 것이다. 그런데 그 순간 마음이 허전한 분이 있었다. 바로 기적의 주인공인 예수님이었다. 불치병을 고쳐 주었는데, 열 명 중 아홉 명은 한 마디 말도 없이 자기 집으로 돌아가 버린 것이다. 그 서운함이 〈누가복음〉 17장 17절에 그대로 나온다.

> 예수께서 대답하여 이르시되 열 사람이 다 깨끗함을 받지 아니하였느냐 그 아홉은 어디 있느냐(눅 17:17)

열 명 중에 단 한 사람만 감사를 드리러 찾아온 것이다. 9:1의 비율. 이처럼 90%의 사람들은 감사를 모르고 살아간다. 마치 부모에게 선물받은 아이들이 선물 보따리를 챙기자마자 자기 방으로 쏙 들어가 버리는 것처럼 말이다. 그런데 1에 속하는 믿음이 바로 상위 10%에 들어가는 감사의 믿음이다. 주님 발아래 엎드려 감사하는 이의 믿음을 우리 주님은 어떻게 평가하는지 보자.

> 그에게 이르시되 일어나 가라 네 믿음이 너를 구원하였느니라 하시더라
> (눅 17:19)

주님의 마음을 이토록 흡족하게 하는 상위 10% 믿음. 이것의 특징을 살펴보면서 이왕 신앙생활 할 바에는, 상위권에 진입하는 믿음의 용장들이 되기 바란다.

받은 은혜를 깨닫는 믿음

예수님은 열 명 나환자들의 간절한 기도를 들으시고 병을 고쳐 주셨다. 나환자들은 길을 가다가 깨끗함을 받았다. 그리고 그 중의 한 사람이 자기가 나은 것을 보고 가던 길에서 돌아와 하나님 앞에 영광을 돌렸다. 이때 아주 중요한 표현이 있다.

"그 중에 한 사람이 자기가 나은 것을 보고"라는 말은 나환자가 자신의 몸이 고침받은 것을 깨달았다는 것이다. 더 구체적으로 예수님이 고쳐 주셨다는 사실을 느꼈다는 것이다.

깨달아야 감사할 수 있다. 보통 우리는 깨닫는 것과 아는 것이 같은 것이라고 생각한다. 그러나 깨닫는 것과 아는 것은 전혀 다르다. 9대 1의 비율 중에 1에 해당하는 사람이 누구였는가? 성경은 은혜를 깨닫고 예수님께 감사하러 온 사람이 누구라고 이야기하는가?

예수의 발아래에 엎드리어 감사하니 그는 사마리아 사람이라(눅 17:16)

상위 10% 안에 들어간 사람은 '사마리아 사람'이었다. 유태인에게 늘 천대를 받던 사람, 종교적으로 열등하다고 취급받던 사람이다. 하나님의 은혜를 익히 잘 아는 유태인이 아니다. 지금 우리식으로 바꾸면 모태 신앙이나, 교회에서 직분을 가진 사람이 아니었다. 신앙이 뭔지도 잘 모르는 사람. 그러나 받은 은혜를 깨달아 아는 사람, 그 사람의 신앙이 상위 10%의 믿음으로 인정받는 것이다.

그러므로 감사는 은혜를 아는 자가 아니라, 은혜를 깨달은 자이다. 은혜를 받고도 모르는 사람이 있을까? 분명히 있다. 나머지 아홉 명 그리고 오죽하면 성경에 이렇게 기록되었을까?

존귀하나 깨닫지 못하는 사람은 멸망하는 짐승 같도다(시 49:20)

나는 얼마 전에 캄보디아를 다녀와서 한 가지 깨달았다.

"우리가 정말 많은 것을 가지고 있구나! 너무 많은 것을 가져 감사를 잃었구나!"

오지 마을에서 주민들을 모아 놓고 예배를 인도할 때였다. 〈디모데후서〉 2장 20절을 가지고 설교할 때였다. 말씀에 금그릇 은그릇 나무그릇 질그릇이 나오는데, 하나님은 깨끗한 그릇을 사용하신다는 내용이었다.

그래서 그들에게 네 가지 그릇 중에 제일 좋은 그릇이 무엇인지 물었다. 당연히 대답은 금그릇 은그릇일 거라 생각했다. 그런데 그들이

답하기를 가장 소중한 그릇은 질그릇이라는 것이다. 그들은 늘 가까이에 있는 질그릇을 가장 소중하게 여기며 살고 있었다. 나는 그 순간 당황해서 다음 설교를 어떻게 풀어 가야 할지 말문이 막혔다. 그러고는 깨달았다.

"우리가 너무 많이 가지고 있구나! 질그릇을 가장 소중하게 여기는 저들에게 설교하기엔 내가 너무 닳고 닳은 목사구나."

많은 것을 받아도 받은 줄을 모르면 감사할 수가 없다. 감사는 받은 은혜의 양에 비례하는 것이 아니라 깨달은 정도에 달려 있다는 사실을 기억해야 한다. 당신은 어떤 은혜를 받았는가?

2007년 칸 영화제에서 감독상을 받은 〈잠수종과 나비〉라는 영화가 있다. 프랑스의 세계적인 패션 잡지 《엘르》의 편집장이던 장 도미니크 보비(Jean-Dominique Bauby)의 이야기를 다룬 영화다. 준수한 외모와 화술로 사교계를 풍미했던 사람이었는데, 갑작스럽게 찾아온 뇌졸중으로 왼쪽 눈 하나를 빼놓고는 전혀 움직일 수 없게 되었다. 의식은 멀쩡했지만, 말을 할 수도 글을 쓸 수도 없었던 그는 자신의 왼쪽 눈꺼풀에 의지해 세상과 소통했다. 그는 언어 치료사의 도움을 받아 왼쪽 눈을 깜빡거리면서 알파벳을 연결해 책을 쓰기 시작했다. 1년 3개월 동안 왼쪽 눈을 20만 번 이상 깜빡거려서 쓴 책이 영화로 나왔다.

'고이다 못해 흘러내리는 침을 삼킬 수만 있다면 세상에서 가장 행복한 사람이다.'

책 첫머리에 있는 글이다. 침을 삼키면서 감사한 적이 있는가? 솔직히 나는 이 책을 접하기 전에는 없었다. 그런데 이 책을 읽고 깨닫고 보니 이것도 감사 제목이다.

나환자는 장 도미니크 보비가 이야기하는 행복이 뭔지 깨달았을 것이다. 나병이 무엇인가? 고통을 감지할 수 없도록 신경이 마비되는 것 아닌가. 손이 잘라지고, 발이 떨어져 나가고, 코가 문드러져도 그 아픔을 감지하지 못하는 병. 그런데 주님이 그 감각을 회복시켜 주셨다. 한 명의 나환자는 자신의 몸이 나은 것을 보고 예수님 발 앞에 엎드린 것이다.

하나님이 이미 우리에게 주신 구원의 은혜, 건강의 은혜, 가족의 은혜, 좋은 교회를 주신 은혜, 이 모든 은혜를 깨달아 감사할 수 있는 수준 있는 믿음, 정상급 믿음의 주인공이 될 수 있기를 바란다.

축복 이전에 감사하는 믿음

열 명의 나환자가 병 고침받는 놀라운 축복을 받았다. 엄청난 수혜자가 된 것이다. 그런데 사마리아 사람 한 명만 예수님께 찾아와서 감사드렸다. 이걸 보면서 우리는 "야! 이런 배은망덕한 사람들이 있나"라고 9명을 향해 손가락질할지 모른다.

그런데 한 번 생각해 보자! 9명에겐 정말 감사하는 마음이 없었을까? 사람이라면 그렇진 않을 것이다. 눈물 나게 고마운 마음도 들었을 것이다. 그러나 아홉 명에게는 무엇이 더 급했을까? 가족들에게 자신의 성한 몸을 보여 주고 즐거워하는 것이 중요했다. 예수님이 주신 병 고침, 그 축복을 누리고 기뻐하는 것이 더 급했던 것이다.

나는 종종 이사 예배나 개업 예배 요청을 받을 때가 있다. 예배를 마치면 초대한 분이 식사를 대접한다. 내게 좋은 것 대접하고 싶다고 하면 나는 한결같이 답한다.

"저는 5천 원짜리 된장찌개가 제일 좋습니다."

그런데 대부분 초청한 분은 마음을 담아서 귀중한 식사 대접을 한다. 그러면 나는 그때마다 걱정이 생긴다.

"이분이 우리에게 대접하는 것보다 먼저 하나님께 감사를 드려야 할 텐데⋯⋯."

예전에 LA에서 교회를 섬길 때였다. 이민 사회는 한국 사회보다 훨씬 허세를 부리는 경향이 있다. 남이 하면 따라 하고, 어느 정도 수준을 맞추기 위해 빚을 내기도 한다.

한 성도가 이사 예배를 드렸다. 식사를 예약했는데, 굉장한 식당에서 대접했다. 게다가 거의 전교인을 초청했다. 언뜻 봐도 식사비가 몇 백만 원은 되어 보였다. 그런데 다음 주일에 그분의 감사 헌금 봉투에 적힌 액수를 보게 되었다. 10불, 한국 돈으로 만 원! 만 원이 적다는 것이 아니다. 사람들 앞에서는 그렇게 허세를 부리는데, 정작 하나님 앞에서는 어떤 마음인지 안타까웠다. 나는 그날 먹은 식사가 하나님 앞에서 너무 죄스러웠다.

사람과 함께 즐거워하기 전에, 목사에게 비싼 밥을 사기 전에, 먼저 하나님 앞에 제대로 감사하는 주의 종들이 되었으면 좋겠다. 파티 경비와는 비교가 안 되는 감사 예물은 열 명 중에 9에 해당할까? 1에 해당할까? 그 성도만의 이야기가 아니다. 정작 우리의 현실을 냉정하게 보면, 더 심각할 때도 있다. 감사하지 않는 것은 말할 것도 없고, 하나님을 닦달하면서 더 달라고 떼쓸 때가 있다. 왜 더 주지 않느냐고 불평하며 하나님을 협박할 때가 많다.

윌리엄 셰익스피어(William Shakespeare)는 감사할 줄 모르는 인간에 대하여 이런 짧은 시를 지었다.

'불 테면 불어라 겨울바람아

눈보라와 섞어 몰아치니 사정도 없다마는

인생의 감사치 않는 마음보다 모질지는 않구나.'

기도와 함께 감사하는 믿음

나환자들은 예수님을 향해 큰 소리로 기도했다. 고쳐 달라고 큰 소리로 부르짖었다. 그들의 목소리가 얼마나 컸는지 〈누가복음〉 17장 13절을 잘 관찰하면 실감난다. 그들은 부정한 나환자였기 때문에 일반인에게 접근할 수 없다. 예수님께도 마찬가지였다. 나환자들이 멀리 서서 어떻게 했는지를 보자.

소리를 높여 이르되 예수 선생님이여 우리를 불쌍히 여기소서 하거늘
(눅17:13)

'소리를 높여'에서 높인다는 말은 헬라어로 '에란'이다. 산천초목이 쩌렁쩌렁 울릴 만큼 큰 소리로 애원했다는 뜻이다. 매달려 기도할 때는 기도 소리가 컸다. 그런데 응답받자 아무 소리가 없다. 기도 소리는 컸는데, 감사 소리는 없었던 것이다. 반면 사마리아 사람은 큰 소리로 기도하고 응답받은 뒤에도 어떻게 했는가?

그 중의 한 사람이 자기가 나은 것을 보고 큰 소리로 하나님께 영광을 돌리며 돌아와(눅17:15)

성도들은 교역자에게도 기도 요청을 한다. 그래서 요청받으면 할 수 있는 대로 최선을 다해 기도한다. 그런데 그 뒤에 어떻게 됐는지 소식이 깜깜하다. 찾아서 물어보면 이미 응답받았다고 한다. 나는 여전히 기도하고 있는데 말이다. 십중팔구가 그렇다. 거의 9대1의 비율이다. 기도하지만 감사하지 않을 수도 있다. 그러나 감사하는 자가 진짜 기도하는 자인 줄 믿는다.

토레이 목사는 "감사 충만이 곧 성령 충만"이라고 말했다. 예수님은

감사 충만, 성령 충만한 믿음을 보고 "네 믿음이 너를 구원하였도다"
라고 칭찬하셨다.

　중요한 것은 받은 은혜를 깨닫는 믿음이다. 축복 이전에 감사가 먼
저인 믿음이다. 그리고 기도와 함께 감사가 넘치는 믿음이다. 우리도
이렇게 수준 높은 믿음으로 살아가는 건 어떨까?

신앙생활의 매뉴얼

세계적인 패스트푸드점 맥도날드를 모르는 사람은 없을 것이다. 맥도날드의 영업 전략이 얼마나 뛰어난 지 "미국의 CIA가 뚫지 못하는 나라도 맥도날드는 뚫는다"라는 말이 있을 정도다. 그들의 성공 비결은 철저한 매뉴얼에 있다. 맥도날드 창업주가 하나의 점포를 개설하기 위해 몇 개의 매뉴얼을 준비하는지 아는가? 무려 5만 개이다. 5만 개의 매뉴얼을 준비하고 그 중 하나라 도 미흡하면 결코 매장 오픈을 허락하지 않았다.

매뉴얼에는 햄버거에 들어가는 고기를 몇 센티미터로 자를 것인지, 몇 도에서 몇 분 동안 익힐 것인지가 기록되어 있다. 감자를 써는 요령, 매장을 열고 닫는 시간, 직원들의 복장, 매장의 밝기 등 매장 운영을 위한 모든 사항이 기록되어 있는 것이다. 초기에 제작된 매뉴얼을 보면 화장실 하나를 보더라도 전등 점검, 거울의 청결 상태, 휴지 보충, 변기의 물기 확인, 비누 보충, 악취 제거, 휴지통 비우기, 급수 확인, 환기구 점검 등 확인할 사항이 수십 가지다. 덕분에 이 회사는 그 어떤 조직보다 체계적으로 사업을 진행할 수 있었다. 맥도날드는 매뉴얼 덕분에 전 세계 3만여 개의 매장을 확보하고 있으며, 어느 나라 어느 매장에서도 동일한 맛과 동일한 서비스를 선보일 수 있는 프랜차이즈 시스템을 구축할 수 있었다. 매뉴얼의 힘이 참 대단하다.

나는 얼마 전에 칼넷(CAL-NET) 포럼에 참석하기 위해 일본에 다녀왔다. 가 보니 일본이야말로 매뉴얼의 나라였다. 숙소에는 '유카타'라는 일본식 목욕 가운이 있었다. 이걸 어떻게 입는지 매뉴얼이 옷 위에 딱 올려 있었다. 심지어 뷔페식당 입구에는 일본말로 오봉이라는 것이 있었다. 개인 오봉 위에 접시를 놓고 필요한 대로 음식을 먹는데, 크고 작은 접시를 어떻게 배열해서 먹는지 견본 매뉴얼이 있었다. 천재지변이 많은 나라이기에 매뉴얼이 발달할 수밖에 없었던 것이다.

나는 이걸 보면서 '신앙생활에도 매뉴얼이 있으면 얼마나 좋을까?'라는 생각이 들었다. 간혹 새 신자들이 교회에 오면 좌충우돌 시행착오를 겪는다. 각자 자기 소견에 옳은 대로 신앙생활을 하려는 분들에게 신앙 매뉴얼이 있다면 유익하지 않을까?

성경에 〈야고보서〉 5장 13-14절은 신앙 매뉴얼이라고 해도 전혀 손색이 없다.

> 너희 중에 고난 당하는 자가 있느냐 그는 기도할 것이요 즐거워하는 자가 있
> 느냐 그는 찬송할지니라 너희 중에 병든 자가 있느냐 그는 교회의 장로들을
> 청할 것이요 그들은 주의 이름으로 기름을 바르며 그를 위하여 기도할지니라
> (약 5:13-14)

매뉴얼의 장점이 무엇인가? 매뉴얼대로만 하면 특출 나진 못해도 실수는 하지 않는다는 것이다. 영 엉뚱한 곳으로 빠지진 않는다. 〈야고보서〉가 제시하는 매뉴얼을 보면 우리 모두가 신앙의 기본기를 든든하게 세울 수 있을 것이다.

〈야고보서〉는 총 108절로 구성되어 있다. 그중에 60구절이 명령형이다. 성경 66권 중에 가장 실천적인, 철저하게 현장 중심의 말씀이다. 그럴 수밖에 없는 것이 야고보가 어떤 사람인가? 예수님의 형제였다. 누구보다 예수를 믿을 수 없는 환경에 놓인 사람이었다. 그러나 삶 속에서 예수님을 관찰하고 예수님의 말씀대로 살면서 기적을 체험한 사람이다. 신앙생활이 뭔지를 아는 사람인 것이다. 그래서 〈야고보서〉는 먼저 질문하고 거기에 대답하는 식으로 전개된다.

고난을 당하는 자가 있느냐? 기도하라!

첫 번째 매뉴얼이 무엇인가? 고난에 대한 대처다. 고난에는 두 가지 종류가 있다. 어렵고 힘들다고 모두 같은 고난이 아니다. 고난에도 차원이 있다. 〈베드로전서〉 2장 20절을 보면 알 수 있다.

> 죄가 있어 매를 맞고 참으면 무슨 칭찬이 있으리요 그러나 선을 행함으로 고난을 받고 참으면 이는 하나님 앞에 아름다우니라(벧전 2:20)

죄로 인해 오는 고난이 있는가 하면 선을 행하다가 당하는 고난도 있다. 죄로 인해 오는 고난은 맞아도 싼 경우다. 반면 믿음을 지키다가 겪는 고난도 있다. 다 같은 고난이라고 취급해서는 안 된다. 하지만 고난에 대처하는 매뉴얼은 같다. 죄로 인해 두들겨 맞는 경우든, 애매히 고난을 당해 십자가를 지는 경우든, 정답은 기도다. 만일 죄의 결과로 오는 고난이라면 기도 중에 자기 자신이 보이기 시작한다. 안 보이면 그 기도는 잘못된 기도다. 반드시 회개가 터지게 된다. 그리고 우리를 죄에서 사하실 뿐만 아니라 모든 불의에서 깨끗하게 하는 영적인 도미노 현상이 일어난다. 그래서 기도하라는 것이다.

> 만일 우리가 우리 죄를 자백하면 그는 미쁘시고 의로우사 우리 죄를 사하시며 우리를 모든 불의에서 깨끗하게 하실 것이요(요일 1:9)

그러면 애매히 고난을 당할 때는 왜 기도해야 할까?

환난 날에 나를 부르라 내가 너를 건지리니 네가 나를 영화롭게 하리로다
(시 50:15)

미국에 사는 한 평범한 직장인이 갑자기 해고를 당하게 되었다. 출근해 보니 책상 위에 해고 통보서가 있었다. 그는 회사와 상사에 대한 끓어오르는 분노와 복수심 때문에 아무 일도 못하고 폐인이 되었다. 결국 아내에게 "여보! 나는 죽고 싶소. 모든 노력을 다했지만 아무 것도 되는 일이 없소"라고 말했다. 그때 아내가 조용히 말했다.

"여보, 당신은 한 가지 시도하지 않는 일이 있어요."

"그게 뭐요?"

"당신은 이 상황과 문제에 대해 진지하게 기도한 적이 없잖아요."

"그래, 맞아. 나는 이 일에 대해 기도한 적이 없지!"

그날부터 그는 아내와 함께 기도하기 시작했다. 며칠 기도하는 동안 마음에 가득했던 분노와 패배 의식이 사라지고, 머릿속에 새로운 아이디어가 떠오르기 시작했다. 그래서 집을 담보로 융자를 얻어 조그마한 건축업을 시작했다. 그런데 이게 무척 잘되었다. 하루는 이렇게 기도했다.

"하나님! 제가 건축하면서 여기저기 여행하다 보니 호텔이 너무 비쌉니다. 싼 호텔은 너무 지저분하고요. 하나님! 제가 저렴한 가격에 좋

은 서비스를 제공하는 호텔을 지어 이웃을 섬기게 해주세요."

하나님은 그의 기도에 응답하셨고 하나둘 호텔을 짓기 시작했다. 그것이 지금의 홀리데이인 호텔(Holiday Inn Hotel)이다. 이것은 홀리데이인 호텔의 창업자 케몬스 윌슨(Kemmons Wilson)의 이야기다.

고난 중에 모든 것을 시도해 보았지만, 아직 진지하게 무릎 꿇지 않았는가? 환란 중에도 기도하면 하나님이 모두 들으신다. 만일 윌슨이 아내의 이야기를 듣고 기도하지 않았다면, 오늘날의 홀리데이인 호텔은 없을 것이다.

고난 가운데 있는가? 내게 닥친 어려움이 죄로 인한 것인지, 애매히 당하는 것인지 이유를 찾고 있는가? 그건 중요한 것이 아니다. 기도하면 회개할 것은 회개하도록, 응답할 것은 응답의 축복으로 주께서 알아서 해주신다.

그런데 문제는 이런 기도가 자동으로 된다고 믿는 사람이 많다는 것이다. 이것이 아주 심각한 문제다. 기도는 또 다른 언어다. 기도는 언어이기 때문에 반드시 배워야 한다. 그런데 교실에서 배울 수 있는 것이 아니다. 기도실에서만 배울 수 있다.

아이들이 말을 배울 때 어떻게 하는가? 부모와 같이 있으면 된다. 말하는 가족과 함께 있으면 말문은 때가 되면 터진다. 기도를 하려면 기도의 자리를 찾아야 한다. 기도의 자리를 지켜야 한다. 기도하는 사람과 함께 있어야 한다. 그래야 역사가 이루어진다.

나는 얼마 전에 벨국제학교에 가서 이것을 확실하게 경험했다. 내가 예배를 인도하기 위해 학교에 도착했을 때 아이들은 강당에 모여 찬양하고 있었다. 앞줄에 앉아서 마음을 정리하고 기도하는데 뒤에서 아이들의 기도 소리가 들렸다.

나의 뒷줄에서 아이들이 서서 기도하니까 앞에 앉은 내 뒤통수로 기도가 다 떨어졌다. 아이들이 방언으로 혹은 간절한 목소리로 기도하는데 그 은혜가 파도처럼 밀려왔다. 내 가슴에 불이 임하고 눈에는 눈물이 났다. 그 짧은 시간에 마치 집회할 때 기도하는 것과 같은 은혜를 경험했다. 기도의 영은 전염된다. 그러므로 함께 기도할 수 있는 자리를 지키기 바란다. 그래서 기도의 문이 터질 수 있기를 바란다. 회개가 터져 나오든, 고난을 거뜬히 이길 믿음이 생기든, 기도의 축복을 누리는 것이 신앙생활의 가장 기본적인 매뉴얼이다.

즐거워하는 자가 있느냐? 찬송하라!

> 너희 중에 고난 당하는 자가 있느냐 그는 기도할 것이요 즐거워하는 자가 있느냐 그는 찬송할지니라(약5:13)

얼마 전 한 강사를 초청해 새 신자를 위한 집회를 한 적이 있다. 집회 당일 나는 그 강사를 만나자마자 '오늘은 하나님이 역사하시겠구나'라는 믿음이 생겼다.

강사는 나와 인사를 마치자마자 "감사 헌금 봉투 좀 갖다 주세요!"

라고 말했다. 봉투를 드리니 "오늘 말씀 전할 수 있는 기회를 주셔서 감사합니다. 말씀에 권능을 주셔서 행복한 사람들의 축제에 많은 영혼이 회심하게 하옵소서!"라고 적고 기도를 시작했다. 나는 그 모습을 보고 "오늘은 됐다!"라는 믿음이 생겼다. 지금까지 수많은 강사를 모셔 봤지만, 감사 헌금부터 드리고 말씀을 전하는 강사는 처음 보았다. 그날 집회에서 예수를 믿겠다고 결단한 이들이 교회 역사상 최고로 많았다.

생일인데 왜 감사가 없는가? 이사하고 개업하면서 복덕방 복비도 안 되는 감사를 할 때가 있다. 나는 그런 모습을 보면 어떻게 하나님을 이렇게 대접하는가 싶어서 화가 난다. 어떤 분은 "마음만 있으며 되지 않느냐"라고 말한다. 그런데 정말 마음이 있으면 그럴 수 있을까? 마음이 없다는 것이, 아깝다고 말하는 것이 더 솔직한 것 아닐까?

또 찬송이 무엇인가? 내게 주어진 모든 것이 하늘로부터 왔다는 고백이다. 실제로 찬송도 올려 드려야 한다. 예배에 나와서 찬양할 때 모르는 찬양이라도, 음정이 틀려도, 박자를 놓쳐도 괜찮다. 나는 찬양 한 곡만 불러도 와이셔츠가 다 젖는다. 한 번도 찬송을 마치고 숨이 차지 않은 적이 없다. 왜? 최선을 다해서 찬양하기 때문이다. 입술을 열면 마음도 열린다. 바울과 실라가 빌립보 감옥에 있을 때, 찬송 가운데 무엇이 열렸는가?

한밤중에 바울과 실라가 기도하고 하나님을 찬송하매 죄수들이 듣더라 이에 갑자기 큰 지진이 나서 옥터가 움직이고 문이 곧 다 열리며 모든 사람의 매인 것이 다 벗어진지라(행 16:25-26)

찬송으로 인해 닫혔던 삶의 문제가 열리는 은혜의 역사가 일어나기를 소망한다. 이것이 신앙생활의 두 번째 매뉴얼이다.

병든 자가 있느냐? 네 가지를 하라!

고난을 당할 경우, 즐거운 일이 있는 경우의 매뉴얼은 어찌 보면 간단하다. 그러나 병든 자에 대한 매뉴얼은 그렇지 않다.

너희 중에 병든 자가 있느냐 그는 교회의 장로들을 청할 것이요 그들은 주의 이름으로 기름을 바르며 그를 위하여 기도할지니라(약 5:14)

첫째, 병에 걸리면 장로들을 청하고 교회에 알려야 한다. 나는 종종 병원 심방을 하다 보면 이런 이야기를 듣는다. "아이고 아무한테도 말하지 말라고 했는데 누가 목사님께 이야기했나요?" 나의 바쁜 일정을 배려하는 마음은 참 감사하지만 한편으로 이건 매우 위험한 생각이다. 교회에 알리지 않는 것은 무엇을 의미하는가? 교회 공동체의 중보기도를 받지 않겠다는 말이다. 혹 하나님이 "그래, 어디 네 힘으로 한 번 해봐라" 하시면 어쩌려고 그러는가.

둘째, 주의 이름으로 기름을 바르며 기도해야 한다. 이것이 무슨 말인가? 기름은 당시에 포도주와 함께 대표적인 상비약이었다. 즉 약을 쓰며 기도하라는 것이다. 간혹 어떤 분은 기도만 하고 병원에 가거나 약을 쓰지 않겠다고 고집 피운다. 이는 위험천만한 생각이다. 하나님이 특별히 그렇게 인도하실 때도 있다. 그러나 그것이 아니라면 기름을 바르며 기도해야 한다.

> 믿음의 기도는 병든 자를 구원하리니 주께서 그를 일으키시리라 혹시 죄를 범하였을지라도 사하심을 받으리라(약 5:15)

셋째, 믿음의 기도를 해야 한다. 〈마태복음〉 9장에 보면 소경이 예수님께 말한다. "다윗의 자손이여 우리를 불쌍히 여기소서." 이때 주님은 그들에게 믿음을 요청하시기 때문이다.

> 예수께서 집에 들어가시매 맹인들이 그에게 나아오거늘 예수께서 이르시되 내가 능히 이 일 할 줄을 믿느냐 대답하되 주여 그러하오이다 하니(마 9:28)

마지막으로 회개해야 한다.

> 그러므로 너희 죄를 서로 고백하며 병이 낫기를 위하여 서로 기도하라 의인

의 간구는 역사하는 힘이 큼이니라(약 5:16)

죄의 결과로 오는 질병도 있다. 이때는 중보 기도를 받고, 약을 쓰며 기도해도 낫지 않을 수가 있다. 병의 원인에 맞는 치료가 아니기 때문이다. 질병을 겪고 있는 사람 속에 하나님이 기뻐하지 않는 것을 먼저 토해 내야 한다.

병든 자를 위한 매뉴얼은 왜 이렇게 복잡할까? 우리 인생이 그만큼 간단하지 않다는 뜻이다.

한때 성공하려면 '1만 시간의 법칙'을 따라야 한다는 이야기가 유행했다. 1990년대 스웨덴 출신의 심리학자 안데르스 에릭손(Anders Ericson) 교수가 '1만 시간의 법칙'을 설파했다. 천재가 아니더라도 1만 시간 동안 꾸준히 노력하면 탁월한 경지에 이를 수 있다는 주장이었다. 이 법칙은 최근에 말콤 글래드웰(Malcolm Gladwell)의 베스트셀러 《아웃라이어》를 통해 크게 알려졌다. 글래드웰은 성공한 사람들의 공통점으로 기회와 노력을 꼽았다. 좋은 기회를 만나 꾸준히 노력하면 성공할 수 있다는 것이다. 1만 시간은 하루도 빠짐없이 3시간씩 연습해도 10년이 걸린다. 사실 이것도 쉽지 않다. 그런데 10년을 해도 매뉴얼대로 하지 않으면 더 골치 아프다.

신앙생활을 처음 시작하는가? 수년째 해도 늘 헷갈리는가? 야고보가 이야기하는 신앙생활의 매뉴얼을 놓치지 말기 바란다.

오늘의 삶을 바꾸고 싶은 당신에게

누가 누가

'카디자 윌리엄스(Khadijah Williams)' 라는 이름을 들어 본 적이 있는가? 노숙자였던 한 여자가 하버드대학교 4년 장학생으로 뽑혀 인생 역전의 주인공이 되었다. 카디자의 어머니는 열네 살에 길거리에서 딸을 낳았다. 아버지가 누군지도 알 수 없다. 그렇게 태어난 카디자가 2009년에 하버드대학교 사회학과에 수석 입학한다. 4년 장학생으로 공부를 마친 2013년, 그녀는 졸업식에서 연설을 했다.

"어머니는 열네 살 때 차가운 쓰레기덤에서 저를 낳으셨습니다. 어머니와 전 무료 급식과 쓰레기를 뒤지며 굶주림을 해소했습니다. 저는 아무것도 모른 채 길거리에서 자랐습니다. 숙소에서 지내는 것은 굉장히 드물었고, 대부분 차가운 길바닥과 냄새나는 뒷골목이 집이었습니다. 언제나 내가 머문 곳은 뉴욕 어느 동네의 식당 뒷골목이었습니다. 하지만 저는 공부가 좋았습니다. 가진 것 없는 제가 그나마 남들과 비슷해지기 위해 한 권의 책이라도 더 읽고, 한 번 더 생각하는 방법을 택했습니다. 노숙자들이 모여 사는 텐트촌에서 어머니와 저는 위험한 상황을 참아 내며 필사적으로 학교를 다녔습니다. 12학년을 다니는 동안 자그마치 열두 곳의 학교를 옮겼습니다. 하지만 포기할 수 없었습니다. 한 달에 5권의 책을 읽었고, 뉴욕의 모든 신문을 정독했습니다. 거리는 세상에서 가장 넓은 공부방이었습니다. 그러던 중 저는 꿈이 생겼습니다. 대학에 들어가 나의 운명을 스스로 바꾸는 꿈입니다. 우리 가족이 더 이상 남의 비웃음 섞인 시선을 받지 않아도 되는 미래를 그려 보았습니다. 제가 꿈에 대해 이야기하면 사람들은 항상 말했습니다.

"노숙자 주제에 대학은 꿈도 꾸지 마라."

저는 이를 악물고 공부했습니다. 11학년이 되었을 때는 이사를 하더라도 더 이상 학교는 옮기지 않게 해달라고 어머니께 부탁했습니다. 대학에 가려면 저에 대해 잘 아는 선생님의 추천서가 꼭 필요하기 때문입니다. 저는 새벽 4시에 일어나 학교에 갔고, 밤 11시가 되어서야 돌아왔습니다. 4.0에 가까운 학점을 유지했고 토론 동아리, 육상팀 등 다양한 학교 활동에도 참여했습니다. 모든 곳이 저에겐 배움의 장소였습니다. 그러자 어느 순간 제게 작은 변화가 생기기 시작했습니다. 복지 단체에서 제게 장학금을 주었고, 사회단체에서도 절 지켜봐 주었습니다. 절 믿는 사람들이 생긴 것입니다. 노숙자였던 저는 지금 하버드대학교의 4년 장학생입니다. 제 이름은 카디자 윌리엄스입니다. 더 이상 사람들은 저를 노숙자라고 부르지 않습니다."

그녀를 합격시킨 하버드대학교 입학 사정관(줄리 힐든)은 "카디자를 합격시키지 않으면, 제2의 미셸 오바마를 놓치는 실수가 될 것 같았다!"라고 말했다. 그만큼 당당하고 자신감 있는 학생이라는 것이었다. 카디자의 당당함은 어디에서 나온 것일까? 그녀는 이렇게 말한다.

"내 자신에게 부끄럽지 않기 때문에 나는 당당합니다."

우리 중에 카디자보다 못한 환경에 처한 사람이 있는가? 우리는 카디자처럼 거리를 헤매지 않는다. 적을 집 주소가 궁색한 사람들도 아니다. LA 타임즈는 하버드대학교에 4년 장학생으로 합격한 그녀에 대해 이렇게 머리기사를 뽑았다.

"She finally has a home: Harvard(하버드대학교에서 드디어 둥지를 틀다)."

그녀의 인생에 처음으로 집이 생긴 것이다. 우리의 삶은 이 정도는 아니다. 그럼에도 불구하고 늘 기가 죽어 산다. 왜 그럴까?

> 누가 우리를 대적하리요
> 누가 능히 하나님이 택하신 자들을 고발하리요
> 누가 정죄하리요
> 누가 우리를 그리스도의 사랑에서 끊으리요 (롬 8:31-35)

마치 말씀을 전하는 사람이 턱을 들이밀고, 가슴을 내밀면서 '누가 누가'라고 하는 것 같다. 그런데 우리가 당당하게 어깨를 쫙 펼 수 있는 이유가 여기에 있다.

하나님이 우리를 위하기 때문에

우리가 당당하게 어깨를 펼 수 있는 이유는 새벽 4시에 일어나 학교에 가서 밤 11시에 오기 때문이 아니다. 4.0에 가까운 학점을 유지했기 때문도 아니다. 한 달에 5권의 책을 읽고 모든 신문을 정독해서도 아니다. 〈로마서〉에 그 이유가 분명히 있다.

> 그런즉 이 일에 대하여 우리가 무슨 말 하리요 만일 하나님이 우리를 위하시면 누가 우리를 대적하리요(롬 8:31)

이 말씀은 표준새번역을 보면 이렇게 나온다.

'하나님이 우리 편이시면, 누가 우리를 대적하겠습니까?'

그렇다. 하나님이 우리 편이기 때문이다. 마귀의 능력이 아무리 강할지라도, 세상이 우리를 쪼그라들게 위협해도, 하나님이 나의 편이기에 충분히 당당할 수 있다.

마틴 루터는 종교 개혁을 하다가 종종 실망하는 일이 생겼다. 그때 마틴 루터 곁에는 동역하던 필립 멜랑흐톤이 있었다. 필립 멜랑흐톤은 루터보다 열다섯 살이나 아래였지만 동역자이자 친구였다. 얼마나 각별한 사이였는지 부부도 아닌데 한 무덤에 같이 묻히기를 유언했을 정도였다. 루터가 종교 개혁에 좌절하고 모든 것을 포기하고 싶었을 때, 멜랑흐톤은 항상 이 성경 말씀을 적어 루터에게 편지를 썼다.

그런즉 이 일에 대하여 우리가 무슨 말 하리요 만일 하나님이 우리를 위하시
면(만일 하나님이 우리 편이시면) 누가 우리를 대적하리요(롬 8:31)

루터는 이 말씀을 통해 언제나 새 힘을 얻었다고 한다. 나도 당신에
게, 이 말을 하고 싶다. 이 말씀 자체가 당신에게 위로와 능력이 되기
를 바란다. 하나님이 우리를 어떻게 위하는 줄 아는가?

자기 아들을 아끼지 아니하시고 우리 모든 사람을 위하여 내주신 이가 어찌
그 아들과 함께 모든 것을 우리에게 주시지 아니하겠느냐(롬 8:32)

자기 아들을 줄 정도로 우리를 위하신다. 나는 이 말씀을 깨달았을
때, 뛸 듯이 기뻤다. 하버드대학교 졸업식 연설이 아니라, 유엔에 가
서 연설하라고 해도 당당할 수 있을 것 같은 가슴 벅참이 있었다. 그런
데 시간이 조금 지나 철이 드니까, 이 말씀을 보면 가슴이 뻐근해진다.
'자기 아들을 아끼지 아니하시고 우리를 위해 내주셨다.'
나도 자식을 낳아 키워 보니, 이 대목에서 하나님 아버지의 상처가
느껴졌다. 아들을 내놓는 하나님 아버지의 가슴앓이가 느껴졌다. 아
들을 내놓으면서까지 우리를 위하는 하나님 때문이라도 지금처럼 풀
이 죽어 살 수는 없는 것이다. 더 나아가서 아들만 주신 것이 아니라,
아들과 함께 모든 것을 우리에게 주신다고 하지 않는가.
한 보석상의 매니저가 어느 날 전화를 걸어서 말했다.

"행운권 추첨에 뽑혀 고가의 다이아몬드 목걸이를 상품으로 받게 되었습니다."

그러곤 내일 아침 10시까지 가게로 오라고 했다. 다음날 설레는 마음으로 아침 10시가 되기 전에 도착했더니 벌써 시상대가 준비되어 있었다. 매니저가 몇 마디를 하고는 목에 목걸이를 걸어 주었다. 기념사진을 몇 장 찍고 박수도 받고, 모든 절차가 끝났다. 매니저가 말했다.

"수고하셨습니다. 이제 가져가도 됩니다."

그런데 당신이 이 비싼 목걸이를 목에 걸고 집에 가고 싶지 않아서 매니저에게 물었다.

"이 근사한 목걸이를 담아 갈 상자를 하나 얻을 수 있을까요? 집까지 안전하게 가져가고 싶어요!"

그때 그 어떤 매니저도 이렇게 답하지는 않을 것이다.

"그럴 수 없습니다. 당신에게 목걸이를 주었으니 상자는 당신이 알아서 하세요!"

바로 이것이다. 아들과 함께 무얼 주신다고 하는가?

> 찬송하리로다 하나님 곧 우리 주 예수 그리스도의 아버지께서 그리스도 안에서 하늘에 속한 모든 신령한 복을 우리에게 주시되(엡 1:3)

이 정도면 우리가 충분히 세상을 향해 큰소리칠 이유가 된다. 하지만 하나님이 우리의 편이라는 것보다 더 어깨를 펼 수 있는 근본적인 이유가 있다.

하나님이 우리를 의롭다 하기 때문에

> 누가 능히 하나님이 택하신 자들을 고발하리요 의롭다 하신 이는 하나님이시니(롬 8:33)

하나님이 우리를 예수 그리스도의 피로 구원해 주셨다. 하나님이 우리를 의롭다고 하는데 누가 우리를 고발하는가? 누가 정죄하는가? 그런데도 마귀는 우리의 구원을 흔들어 놓으려고 갖가지 궤계를 부린다. 우리 자신을 돌이켜 보자. 우리에게는 언제나 하나님의 자녀답게 살지 못하는 부분이 있다. 다른 사람은 몰라도 우리 자신은 안다. 우리는 참 간사한 존재고, 금방 변절하는 부끄러운 모습이 있다. 이때 마귀가 와서 속삭인다.

"너는 죄를 지었으니까 이제 구원은 틀렸어. 모르고 짓는 죄라면 몰라도 너는 알고 죄를 짓지 않니?"

이 비슷한 것을 루터도 경험했다. 종교 개혁을 하는 동안 엄청난 위협과 방해를 받으며 그는 여러 번 절망하게 되었다. 어느 날 꿈인지 환상인지 알 수 없지만 마귀가 루터의 방에 나타났다. 그러면서 루터에게 종이 한 장을 던져 주었다. 그 종이에는 루터가 지금까지 살아오며 지은 죄가 빼곡히 적혀 있었다. 루터는 그것을 보는 순간 무거운 죄책감에 빠져 맥이 탁 풀렸다. 너무나 오래된 일이라 새까맣게 잊었던 과거의 죄가 몽땅 적혀 있었기 때문이다. 그리고 마귀는 루터에게 이렇게 속삭인다.

"이렇게 죄 많은 네가 종교 개혁을 한다고? 너나 바르게 살아!"

이때 루터는 아주 깊은 절망의 수렁으로 빠져들었다. 그 말이 모두 사실이었기 때문이다. 대부분의 성도도 마찬가지다. 여기에서 맥을 못 춘다. 마귀는 루터뿐만 아니라 우리도 속인다. 우리의 죄는 분명한 사실이지만, 또 다른 사실이 있다.

> 누가 정죄하리요 죽으실 뿐 아니라 다시 살아나신 이는 그리스도 예수시니 그는 하나님 우편에 계신 자요 우리를 위하여 간구하시는 자시니라(롬 8:34)

여기서 '간구'라는 말은 그냥 기도한다는 말이 아니다. '중보'라는 의미가 깊다. 더 나아가 '변론'이라는 의미다. 주께서 우리를 위해 어떻게 변론할까? 우선 우리를 위해 죽어 주셨다. 여기에서 대속의 원리가 나온다. 그리고 모든 죄 문제를 해결하고 다시 살아나셨기에, 부활의 능력이 나온다. 부활하신 예수 그리스도는 이제 하나님 우편에 계신다고 한다. 하나님의 우편은 상속자의 자리다. 하나님의 전권을 이양받은 상속자의 자리인 것이다. 그분이 이제는 십자가에서 우리의 모든 죄를 속량한 제물로서 친히 우리를 위해 간구한다. 우리의 변호사가 되어 준다는 것이다. 죄에 대한 사실을 거부하자는 말이 아니다. 그러나 그 모든 죄가 십자가에서 속량받은 것도 사실이다. 이걸 믿는 것이 기독교이자 신앙이다. 이것을 못 믿으면, 아무리 경건한 척해도 아무 소용이 없다. 마귀가 온갖 이야기로 루터를 몰아갈 때, 루터에게 들린 주님의 음성이 바로 이것이었다.

'누가 능히 하나님이 택하신 자들을 고발하리요. 의롭다 하신 이는 하나님이시니.'

루터는 그때 정신이 번쩍 들었다. 잠시 잠깐이지만 마귀에게 속았다는 사실이 분해 마귀가 나타났던 벽을 향하여 잉크병을 힘껏 집어 던지며 〈로마서〉 8장 1절의 말씀을 선포했다.

> 그러므로 이제 그리스도 예수 안에 있는 자에게는 결코 정죄함이 없나니
> (롬 8:1)

우리가 세상에서 당당할 수 있는 이유가 무엇인가? 크리스천에게는 정죄할 자가 없다. 혹 우리가 또다시 범하는 죄가 있다고 하더라도 우리에게는 회개의 길이 열려 있다. 그리스도인들을 정죄하고 거꾸러 뜨릴 세력이 없다. 우리를 고소할 존재도 없다.

끊을 수 없는 하나님의 사랑 때문에

내가 확신하노니 사망이나 생명이나 천사들이나 권세자들이나 현재 일이
나 장래 일이나 능력이나 높음이나 깊음이나 다른 어떤 피조물이라도 우리
를 우리 주 그리스도 예수 안에 있는 하나님의 사랑에서 끊을 수 없으리라
(롬 8:38-39)

영국의 유명한 설교가 찰스 스펄전 목사가 어느 시골 농가를 방문
했다. 농가의 마당 한쪽에 바람의 방향을 알려 주는 큰 풍향계가 있었
다. 바람의 방향을 가리키는 화살촉이 바람 부는 대로 이리저리 흔들
렸다. 그 모습을 관찰하다가 목사는 화살촉 밑에 달린 기다란 천에 글
씨가 적힌 것을 보았다. 궁금한 마음에 가까이 가서 보니까 이렇게 적
혀 있었다.

God is love(하나님은 사랑이시라, 요일 4:16).

스펄전 목사는 의아하여 농부에게 물었다.

"이것은 하나님의 사랑이 바람이 부는 대로 나부낀다는 말입니까?
하나님의 사랑이 왔다 갔다 한단 말입니까?"

"바람이 어떤 방향을 가리키든지 하나님은 여전히 사랑이라는 뜻
입니다."

우리의 삶에 바람이 동서남북으로 불어닥칠 수 있다. 그러나 하나
님은 여전히 당신을 사랑하신다. 그 사실을 굳게 붙들어야 한다. 그런
데 여기에서 유심히 볼 것은 무조건 하나님의 사랑에서 끊을 수 없다

는 것이 아니라는 사실이다.

> 높음이나 깊음이나 다른 어떤 피조물이라도 우리를 우리 주 그리스도 예수 안에 있는 하나님의 사랑에서 끊을 수 없으리라(롬 8:39)

주께서 발을 빼지 않는 범위 안에서다. 우리를 향한 예수님의 기대, 사랑 그것이 취소되지 않은 범위 안에서 하나님의 사랑도 끊어지지 않는다. 조건적인 것 같은가? 하지만 걱정하지 않아도 된다. 끊을 수 없는 사랑은 하나님의 사랑만이 아니다.

> 누가 우리를 그리스도의 사랑에서 끊으리요 환난이나 곤고나 박해나 기근이 나 적신이나 위험이나 칼이랴 기록된 바 우리가 종일 주를 위하여 죽임을 당 하게 되며 도살 당할 양 같이 여김을 받았나이다 함과 같으니라(롬 8:35-36)

삶의 어떤 현장에서도 심지어는 도살장 같은 세상에서도 우리를 향한 그리스도의 사랑은 계속된다. 그 누구도 끊을 수 없다!
로마 인들은 악수할 때 서로 손목을 잡고 흔들었다. 하나님과 내가 로마 인의 악수를 하고 있다고 가정해 보자. 내가 하나님의 손을 놓아도 하나님의 손은 결코 나를 놓지 않는다. 왜냐하면 하나님의 사랑은 끊어지지 않기 때문이다. 그래서 우리는 넉넉히 이긴다.

이와 같이 성령도 우리의 연약함을 도우시나니
우리는 마땅히 기도할 바를 알지 못하나
오직 성령이 말할 수 없는 탄식으로
우리를 위하여 친히 간구하시느니라
〈롬 8:26〉

Part 2
고난받는 당신에게

기가 막힐 웅덩이에서 부르는
새 노래

세계 현존하는 역사적 유물 중에 7대 불가사의가 있다. 이집트의 피라미드, 로마의 콜로세움, 알렉산드리아의 영굴, 중국의 만리장성, 영국 솔즈베리의 스톤헨지, 이탈리아 피사의 사탑, 터키 콘스탄티노플의 성 소피아 사원. 그런데 요즘 새롭게 이슈가 되는 현대판 4대 불가사의가 무엇인지 아는가?

"첫 번째, 하늘의 별 따기.
두 번째, 장가간 아들 내 편 만들기.

세 번째, 스님 머리에 핀 꽂기.

네 번째, 은퇴한 남편 존경하기."

생각해 보면, 어떻게 이런 유머가 생겼는지 참 씁쓸하다. 평생 가정을 지키고 열심히 일한 죄밖에 없는데, 경제 상황이 나빠지니까 남자들이 설 자리가 없어졌다. 통계청 자료에 의하면 금융 위기 때문에 100만 명의 실업자가 생기고 있다고 한다. 그런데 경제적인 위기만 우리를 위협하는 것이 아니다.

얼마 전 한 자매로부터 전화를 받고 심방을 갔다. 36살밖에 안 되었는데, 암이 찾아온 것이다. 임파선에 전이되었지만 다행히도 비교적 치료가 쉽다는 갑상선암이라고 해서 안심했다. 그런데 기가 막힐 것은 11살짜리 딸아이가 자신과 비슷한 증세를 보여 병원에 갔더니 갑상선 제거 수술이 필요하다고 했단다. 자매는 말했다.

"건강 하나는 자신이 있었는데 딸과 같이 병에 걸리니까 하늘이 노랗게 보여요."

그런데 더 주목할 것은 이토록 우리를 짓누르는 상황에서 육신뿐만 아니라 우리의 내면세계도 깊이 병들고 있다는 사실이다. 2000년 전에는 자살이 사망 원인 순위에 끼지도 못했다. 그런데 IMF를 겪으면서 자살자가 교통사고 사망자를 앞질렀다. 최근에는 혼자 죽는 것이 외롭다고 집단 자살까지 유행한다. 이러한 사회 현상은 무엇을 말하는 것일까? 그만큼 이 땅의 삶이 호락호락하지 않다는 것이다. 삶의 무게가 만만치 않다.

나를 기가 막힐 웅덩이와 수렁에서 끌어 올리시고 내 발을 반석 위에 두사 내 걸음을 견고하게 하셨도다 새 노래 곧 우리 하나님께 올릴 찬송을 내 입에 두 셨으니 많은 사람이 보고 두려워하여 여호와를 의지하리로다(시 40:2-3)

우리 삶의 실존을 '기가 막힐 웅덩이와 수렁'으로 소개하고 있다. 그 냥 웅덩이도 아니고 얼마나 당혹스러웠던지, '기가 막힐 웅덩이'라고 표현한다. 갇히면 옴짝달싹할 수 없는 웅덩이.

당신의 삶은 어떠한가? 겉으로 내색하지 않지만, 우리의 삶 역시 사 방이 꽉 막혀서 뚫린 곳이라고는 하늘밖에 없는 인생이 아닌가? 이 모 든 것이 나만의 문제라면 어떻게 해서라도 지고 나가겠는데, 혹 가족 이나 자녀들의 문제일 경우에는 가슴이 무너진다.

그러나 사랑하는 당신이여! 지나치게 낙심하지 말자. 성경에도 우 리 삶의 실존을 "기가 막힐 웅덩이"라고 정직하게 드러내고 있다. 그 러나 곧이어 무엇을 약속하는가? 우리에게 새 노래를 주신다고 말씀 하신다. 새 노래, 전에 한 번도 불러 보지 못한 새 노래다. 인생의 새로 운 노래를 허락하겠다고 약속한다. 이왕 거쳐야 될 웅덩이라면 하소 연하고 원망하며 세월을 보내는 것이 아니라 주께서 우리에게 주시는 새 노래를 부를 수 있기를 바란다.

새 노래가 가능할까?

하나님이 끌어 올려 주기 때문이다. 여기에 우리가 붙들 약속의 말씀이 있다. 하나님은 웅덩이에 빠진 우리에게 발버둥질해서 올라오라고 하지 않으신다. 수단과 방법을 가리지 않고, 너희들끼리 뭐든 구해서 믿고 일어서라고 하지 않으신다. 하나님은 정확하게 끌어 올리신다. 이것이 기독교 신앙의 핵심이다. 내가 하는 것이 아니라 하나님이 하신다.

그런데 하나님이 이렇게 하시는 데는 이유가 있다. 말씀에 나오는 웅덩이는 그냥 웅덩이가 아니다. 정확하게 번역하면, '무덤'이다. 똑같은 단어를 사용하고 있는 〈시편〉 28편 1절에 보면 "주께서 내게 잠잠하시면 내가 무덤에 내려가는 자와 같을까 하나이다"라고 말하고 있다. 쉽게 말하면 '죽을 것 같은 상황'이다.

그리고 수렁도 단순한 고통이 아니다. 원어적인 의미는 밑바닥이 없는 늪이다. 계속 빠져들어 목만 내놓고 몸부림치는데 이제 바닥인가 싶으면 또 빠져드는 것이다.

"목사님! 제 상황이 정말 그렇습니다. 죽을 것만 같습니다. 수렁입니다."

이렇게 말하는 사람이 있다. 그러나 절대 실망하지 않았으면 좋겠다. 오늘 다윗과 비교해 보면 알 수 있다. 다윗이 기록한 〈시편〉을 단순한 시라고 생각하면 곤란하다. 적어도 다윗에게는 삶이고 실재였다.

다윗의 생애에서 가장 기가 막힐 웅덩이가 언제였을까? 아마도 사울 왕으로부터 쫓겨 다니던 시절일 것이다. 쫓겨서 목숨이 경각에 달려 있던 그 흑암의 시절. 우리가 아무리 힘들어도 다윗보다는 나을 거라고 생각한다. 적어도 누군가가 우리를 죽이려고 달려들지는 않을 것이다. 다윗은 한 나라의 최고 권력자로부터 위협을 당했다. 그는 미친 사람이어서 지치지도 않는다. 그 광기 어린 살해 위협은 생각만 해도 끔찍하다.

그러나 하나님이 다윗을 붙드시니 어떤 일이 벌어지는가? 기진맥진한 다윗이 아둘람 굴에 숨어들었다. 그런데 하나님이 여기에서 "환난 당한 자, 빚진 자, 마음이 원통한 자" 쉽게 말하면, 다윗과 동병상련인 사람들을 400명이나 모아 주신다. 혈혈단신이었는데 이내 600명으로 늘어난다. 이 사람들이 향후 다윗 왕국을 세우는 일등 공신들이 된다. 한편 다윗을 그렇게 죽이려던 사울은 블레셋과의 전투에서 스스로 목숨을 끊는 비극적인 종말을 맞이한다.

다윗이 무슨 대단한 일을 했는가? 다윗은 그저 도망 다닌 것밖에 없다. 어쩌면 다윗은 몰려든 사람들조차 부담스러웠을 수 있다. 자기 몸도 건사하기 힘든데, 힘 꽤나 쓰는 사람들 요즘 말로 하면, 신용불량자, 정치범, 전과자 이런 사람들이 모여들었다. 그런데 하나님이 다윗을 끌어 올리시니까 이들을 통해서도 멋지게 다윗 왕국을 세우신다. 다윗을 높이 들어서 이스라엘의 주권자로 삼으신 하나님, 다윗을 기가 막힐 웅덩이에서 끌어 올리신 하나님이 지금 우리의 곁에 계신다.

다윗은 목동 시절 지팡이를 들고 수많은 양떼를 웅덩이에서 건져 올린 경험이 있다. 그런데 중요한 것은 절벽 아래나, 군데군데 있는 마른 우물에 빠진 양떼들은 목자가 돕지 않으면 절대 나오지 못한다. 양이 아무리 발버둥 쳐도, 결국에는 탈진하여 죽게 된다는 것을 다윗은 너무나도 잘 알고 있었다.

기가 막힐 웅덩이에서 자신이 양을 구하듯, 목자이신 하나님이 다윗을 끌어 올리시더라! 할렐루야! 삶이 정말 힘들다는 생각이 드는가? 기가 막힐 웅덩이에 빠져 있다고 생각되는가? 다윗이 그렇게 했듯이 우리의 영원한 목자이신 주님께서 웅덩이와 수렁에 빠져 헤매는 우리를 주님의 선한 지팡이로 건져 올릴 것이다.

무얼 해야 할까?

> 내가 여호와를 기다리고 기다렸더니 귀를 기울이사 나의 부르짖음을 들으셨
> 도다(시 40:1)

첫 번째로 우리가 해야 할 일은 여호와를 기다리고 기다리는 것이다. 기다림과 체념은 다르다. 무언가를 기다린다는 것은 같지만, 체념은 포기한 채 기다리는 것이다. 반편 말씀에 나오는 기다림은 히브리어로 '카바'인데, 이는 막연하게 기다리는 것이 아니다. 어떤 일이 이루어질 것을 확신하며 기다리는 것이다.

몇 해 전 이용규 선교사의 《내려놓음》이라는 책이 베스트셀러가 되었다. 하버드대학교 박사를 내려놓고, 몽골 선교에 뛰어들어 헌신하는 모습은 많은 성도에게 도전을 주었다. 그런데 이 '내려놓음'을 '포기'로 잘못 이해하는 경우가 있다. 어떤 성도와 이야기를 하면 "이제 도저히 안 되겠네요. 아들을 내려놓았어요"라고 말한다. 또 어떤 경우에는 "너무 힘들어서 교사 섬김을 내려놓았어요"라고 말한다. 그러면 나는 무슨 이야기를 하느냐고 야단친다.

"어떻게 자녀를 내려놓을 수 있는가? 어떻게 사명의 자리를 내려놓을 수 있는가? 더 붙들어야지! 끝까지 붙들어야지!"

내려놓았다고 포장하면 거룩하게 보일 것 같지만 그것은 내려놓음이 아니라 포기한 것이다.

〈시편〉 40편 1절을 원문에 가깝게 풀이하면 "기다림 속에서 기다렸다"라는 것이다. 쉽게 말하면, 기다리고 또 기다렸다는 것이다. 왜 그렇게 기다리고 또 기다린 줄 아는가? 첫 번째는 웅덩이에서 끌어 올리실 하나님을 신뢰하기 때문이다. 그리고 또 한 가지가 이유가 있는데 그것은 포기할 수 없기 때문에, 포기해서는 안 되기 때문에 기다리는 것이다.

어떻게 자녀를 포기할 수 있는가! 어떻게 생업을 포기하는가! 심지어 삶을 어떻게 포기할 수 있는가! 절대 포기할 수 없다. 주님은 우리에게 한 번도 자녀를, 가정을, 삶을, 교회를 포기하라고 가르친 적이 없다. 오히려 내게 능력 주시는 자 안에서 모든 것을 할 수 있다고 용기를 주시며 붙들라고 하신다. 다만 하나님의 때를 기다리며 소망 가운데 인내할 것을 우리에게 가르치신다.

내가 아는 분 중에 고 집사라는 분이 있다. 그는 건강하게 사업을 잘하던 분이었다. 그런데 2004년 직장암 2기 판정을 받았다. 의사가 그에게 남은 시간은 1년 6개월이라고 사망 선고를 내렸다. 그러나 수술 뒤 기적적으로 완치가 되었다. 하지만 안타깝게도 3년 뒤, 그분은 암이 폐로 전이된 것을 발견했다. 폐암 말기였다. 그때부터 지금까지 항암 치료를 받고 있다. 그분이 지난달까지 몇 번의 항암 치료를 받은 줄아는가? 51차다. 더 놀라운 것은 그가 이 기나긴 고통의 시간을 인내하면서 시작한 봉사가 있다. 암 말기 환자들을 대상으로 하는 호스피스 사역이다. 고 집사가 환자를 찾아가면, 뭘 모르는 환자는 아주 냉정하게 반응한다.

"내 고통을 이해하는 척하지 마라!"

그러면 그는 조용히 웃으면서 수차례 수술한 흔적이 있는 배를 보여 준다. 어디 하나 성한 곳이 없는 팔을 걷어붙이면, 그제야 환자들이 엉엉 운다. 그리고 또 하나 섬기는 사역은 장례 봉사다. 장례 예배에 동참해서 유가족을 위로하는 사역인데 이것은 스트레스가 많은 일이다. 그런데 항암 주사를 맞는 전후로 며칠을 빼고는 어김없이 장례 봉사를 간다. 검정 양복에 검정 넥타이를 매고 있는 그를 내가 교회 마당에서 만나 요즘 건강이 어떤지 물었다. 그러면 그분은 말한다.

"아직 제가 도와야 할 암 환자가 있어서 그런지, 도와야 할 슬픈 가정이 있어서인지 계속 살게 하시네요!"

사랑하는 당신이여! 고 집사는 체념하면서 51번의 항암 치료를 받은 것이 아니다. 죽지 못해서 그렇게 한 것이 아니다. 한 명의 암 환자라도 소망을 갖게 하고 싶어서, 위로하는 그 일이 너무 귀해서, 오늘도 내일도 섬기고 싶다는 소망이 고 집사를 지금까지 살게 했다.

또 한 가지 우리가 할 일이 있다. 제대로 기다리는 사람은 반드시 기도한다. 똑같이 시간을 보내도, 낙심하고 체념하는 사람은 기도하지 않는다. 한숨만 내쉰다. 기가 막힐 웅덩이에서 꺼내 주실 하나님의 손길을 기대하는가? 그렇다면 분명히 기억해야 한다. 우리 하나님이 그냥 끌어 올려 주시는 것이 아니다. 끌어 올리시기 전에 하나님이 하신 두 가지 일이 있다. 동사에 주목하자. 첫 번째는 귀를 기울이셨고, 두 번째는 부르짖음을 들으셨다. 귀를 기울이는 하나님에게 우리의 기도 소리가 들릴 때, 비로소 역사가 일어난다.

우리의 기도를 듣기 원하는 하나님의 귓전에 소원을 올려 드릴 때, 가급적 애통하면서 부르짖어 기도하면 좋겠다. 한국 교회는 하나님 앞에 절절이 매달려 부르짖는 좋은 전통이 있다. 불과 몇 십 년 전만 해도 교회 기도실에는 그 애통함으로 한이 맺힐 지경이었다. 힘겨운 인생살이와 여러 가지 문제로 인해 우리 믿음의 선배들은 눈만 감으면 울었다. 자식을 위해, 불신 가족을 위해, 나라와 민족을 위해 하나님 앞에서 눈물을 뿌리며 기도했다. 그래서 기도실 마룻바닥은 아무리 닦아도 눈물자국이 지워지지 않았다. 그것은 훈장이었다.

나는 지금도 선명하게 기억한다. 경산 시장 안에 있었던 경산중앙교회의 본당 1층 마룻바닥 기도실을. 당시 나와 성도들은 교회 건축을 앞두고 매일 저녁 기도회를 가졌다. 물론 건축을 위해 기도했지만, 당시 IMF를 겪으며 성도들은 자녀를 위해, 가정을 위해 같이 기도했다. 그때 마룻바닥은 눈물로 젖었다. 그 눈물 덕분에 지금 우리의 가정이 있고 경산중앙교회가 있는 것이라 믿는다. 그렇게 기도한 뒤 기도실을 떠날 때, 두 눈에는 이슬이 맺혀 있지만, 얼굴은 어떠했는가? 기가 막힐 웅덩이에서 끌어 올리실 하나님을 확신하기에 얼굴에 하늘의 평강이 묻어났다. 그 힘으로 힘겨운 세월을 승리할 수 있었다.

그래서 나는 지금도 그 재미 때문에 기도실에 앉으면 울 준비부터 한다. 우는 것이 좋아서가 아니다. 내 사정을 이해하시고, 나의 부르짖음 듣기를 원하시는 하나님 앞에 내 마음을 쏟아 내는 것이 너무 좋아서다. 일단 실컷 울고 보는 것이다.

사랑하는 당신이여! 눈물로 나아갈 수 있기를 바란다. 애통하며 부르짖어 기도할 수 있기를 원한다. 우리의 신앙은 눈물을 먹고 자란다고 해도 과언이 아니다. 그 눈물 속에 찾아오시는 십자가의 주님이 우리를 기가 막힐 웅덩이와 수렁에서 끌어 올려 주실 줄 믿는다.

어떤 일이 벌어지는가?

> 새 노래 곧 우리 하나님께 올릴 찬송을 내 입에 두셨으니 많은 사람이 보고 두
> 려워하여 여호와를 의지하리로다(시 40:3)

"새 노래." 이것은 다른 말로 바꾸면 새 간증이다. 10년 전 간증이 아
니라, 처음 예수 믿게 되었을 때 받은 은혜가 아니라, 오늘 새로운 간
증을 우리에게 허락하여 주신다. 신앙생활을 하면서 과거에 만난 하
나님만 재탕 삼탕 우려먹는 인생이었는데, 카피라이터 이만재 씨의
간증집 《막 쪄낸 찐빵》과 같은 따끈따끈한 간증을 허락하신다. 전에
는 내가 만난 하나님이 아니라, 목사님의 하나님, 다른 누군가의 하나
님을 믿으며 그저 내 영혼이 질식하지 않을 정도로 연명하며 살았다.
그런데 이제는 기가 막힐 웅덩이 속에서도 소망 가운데 인내하며 부
르짖어 기도했더니, 나의 하나님이 누구도 흉내 낼 수 없는 새 노래,
새 간증을 허락해 주신다.

새 노래를 어떻게 주신다고 하는가? 새 노래 곧 우리 하나님께 올릴
찬송을 내 입에 두셨다는 것은 하나님이 내 입에 쑥 넣어 주었다는 것
이다. 그러니 새 노래와 새 간증이 터져 나올 수밖에 없다. 중요한 것
은 새 노래를 내가 만든 게 아니라는 것이다. 이미 하나님이 다 작사
작곡해서 준비해 놓으셨다. 우리는 여기에 맞춰서 입만 벌리면 된다.

지금 우리의 상황은 중요하지 않다. 어차피 인생이 광야라면, 고통
의 연속이라면 중요한 것은 기가 막힐 고통 속에서 내가 어떻게 반응

하는지가 중요하다. 소망 가운데 끝까지 인내하고 도우심을 바라보며 기도할 것인가? 그래서 허락하는 새 노래를 부를 것인가? 아니면 낙심하여 상황 속에 침몰할 것인가? 우리는 결정해야 한다.

고통 속에서도 끌어 올리시는 주님을 기대하며 소망 가운데 기도할 수 있기를 바란다. 기가 막힐 웅덩이에서 부를 새 노래를 준비하시는 하나님을 기억하면서 벌떡 일어서는 우리가 되기를 소망한다.

치유를 위한 발상의 전환

현대 과학은 엄청난 속도로 발전하고 있다. 발전의 속도가 너무 빨라 일반인이 도저히 따라잡을 수 없을 정도다. 왜냐하면 그 발전이 일반적인 예측을 뛰어넘어 '발상의 전환'으로 이루어지기 때문이다.

예를 들면 이런 것이다. 새 차를 사서 얼마 타지도 않았는데, 누가 쓱 긁고 지나갔다. 그러면 차 주인은 얼마나 속이 상할까? 이걸 도색해야 하나 아니면 버텨야 하나 고민할 것이다. 조금 흠집이 난 것으로 전체를 도색하자니 그렇고, 일부만 하자니 새 차가 얼룩덜룩할 것 같다. 그런데 이때 도색을 하지 않아도, 자동차의 표면이 스스로 흠집을 지운다면 어떨까? 정말 꿈같은 이야기다. 그런데 이런 일이 '발상의 전환'으로 현실이 되고 있다.

2013년 세계 경제 포럼에서 발표한 가까운 미래에 세상을 바꿀 10대 유망 기술로 '자기 치유 소재'가 선정되었다. 자기 치유 소재란 표면에 흠집이 생겼을 때 빛을 쬐어 주거나, 그대로 두면 손상 표면이 이전의 상태로 복원되는 소재를 말한다. 이 놀라운 일이 실제로 일어나고 있다.

2013년, 스페인 전기화학기술센터는 완전히 절단된 덩어리를 맞대어 놓으면 스스로 달라붙는 고분자 물질을 개발했다. 이렇게 개발된 고분자의 이름은 바로 터미네이터다. 상상의 소재를 다루었던 영화〈터미네이터〉를 기억하는가?

닛산이 도쿄대학, 어드밴스드 소프트머티어리얼(Advanced Softmaterial)사와 공동 개발한 특수 페인트에는 신축성이 강한 고분자 물질이 포함되어 있어서 흠집을 자동으로 치유한다. 그래서 2005년부터 닛산이 발매하는 인피니티 차량에는 흠집 방지 도료를 사용한다. 경미한 흠집은 하루 정도, 심한 흠집은 1~2주 지나면 복원된다. 닛산은 여기에서 그치지 않고 발상을 전환하여 또 다른 사업에 뛰어들었다. 자동차 회사가 '긁힘 방지 아이폰 케이스' 사업을 시작했다. 또 일본의 한 소재 업체인 '도레이'는 자기 치유 소재를 활용해 스스로 흠집을 치유하는 고가의 휴대폰 액정 보호 필름을 내놓았다. 이 모든 것이 발상의 전환으로 이루어진 기적과 같은 일이다.

발상의 전환은 산업 영역에만 일어나는 게 아니다. 어느 백화점에서 엘리베이터가 너무 느려서 손님들이 불평했다. 백화점 측에서는 이 문제를 해결하기 위해 기술자를 불러 자문을 구했다. 그랬더니 기술자는 엘리베이터 속도를 올리려면 모터를 큰 용량으로 바꿔야 한다고 했다. 게다가 엘리베이터의 균형이 깨지면 안 되니까 구조적인 변경을 위해 적지 않은 예산이 소요될 것이라는 보고서를 제출했다.

이때 소문을 듣고 백화점에서 일하던 한 여인이 적은 돈으로 이 문제를 해결할 수 있다고 나섰다. 여인이 한 일은 엘리베이터에 거울을 설치한 게 전부였다. 그 뒤로 어떤 일이 생겼을까? 손님들의 불만은 말끔히 사라졌다. 손님들은 엘리베이터에서 거울을 보며 자기 옷매무새에 신경을 쓰느라 엘리베이터의 속도에 관심 갖지 않았다. 느리다는 불평을 해소하기 위해 속도를 빠르게 하는 것은 보통의 생각이다. 이 여인은 손님의 입장에서 발상을 전환하였다. 이는 삶의 놀라운 변화를 가져온다.

성경에도 '발상의 전환'이 나온다. 이것은 영화에서 보던 일이 실제 일어난 정도가 아니다. 아람 나라의 군대 장관 나아만은 나환자였다. 나병이라는 것은 이 당시에 불치의 병이다. 신으로부터 저주받은 병이라고 여겼다. 그 인생이 얼마나 괴로웠겠는가?

그런데 불치의 병에서 치유되는 기적이 일어났다. 중요한 것은 이 치유도 발상의 전환에서 이루어진 것이다. 나는 그 발상의 전환에 대해 살펴보려고 한다. 우리도 치유와 회복이 필요하기 때문이다. 그래서 필요하다면 나아만 장군이 경험한 것 그 이상의 치유가 우리에게 일어나기 바란다.

용사이나 환자임을 인정하라!

> 아람 왕의 군대 장관 나아만은 그의 주인 앞에서 크고 존귀한 자니 이는 여호와께서 전에 그에게 아람을 구원하게 하셨음이라 그는 큰 용사이나 나병환자 더라(왕하 5:1)

그의 직책은 군대 장관이다. 오늘날로 말하면 국방부 장관이다. 그것도 시시한 나라의 장관이 아니다. 당시 강대국인 아람 나라의 국군 통수권자다. 또한 그는 왕으로부터 특별한 신임과 사랑을 받고 있는 사람이었다.

'이는 여호와께서 전에 그에게 아람을 구원하게 하셨음이라'

그는 나라를 구한 민족의 영웅이었다. 그런데 한 가지 치명적인 결함이 있었다.

'큰 용사'라면 일반적으로 어떠해야 하는가? 환자이면 안 된다. 용사라면 건강해야 한다. 나환자이면 안 되는 것이다. 나병은 전염성 때문에 가족과 함께 살 수 없다. 그런데 용사인데 나환자라니 얼마나 막막했겠는가.

이걸 오늘날 표현으로 바꾸면 이렇지 않을까?

"큰 부자더라. 그런데 불행하더라."

일반적으로 열심히 살면 어떻게 되어야 한다고 생각하는가? 행복하고 보람차더라! 이것이 정답이라고 생각한다. 하지만 열심히 살았는데, 허무하더라는 것이다. 혹시 이 글을 읽는 사람들 중에도 그러한 사람이 있는가? 그런데 나아만에게 발상의 전환이 일어났다. 그 시작이 무엇인가?

나는 큰 용사다. 하지만 동시에 나환자이기도 하다. 사실 이것은 발상의 전환도 아니다. 사실을 인정하는 것이다. 그러나 이걸 인정해야 그 다음 역사가 시작될 수 있다. 이걸 인정하니까 나아만에게 어떤 일이 생겼는가? 작은 계집종의 소리가 들렸다. 이스라엘에서 잡혀 온 여종이 이렇게 말한다.

> 그가 나아만의 아내에게 수종들더니 그의 여주인에게 이르되 우리 주인이 사마리아에 계신 선지자 앞에 계셨으면 좋겠나이다 그가 그 나병을 고치리이다 하는지라(왕하 5:2-3)

이것은 여종이 나아만에게 한 말도 아니다. 계집종이 보기에 주인이 안쓰러워 늘 시중들던 여주인에게 스치듯 이야기한 것이다. 그런데 그 소리가 나아만의 귀에 들렸다. 그 말이 정말 자기를 위한 소리처럼 들린 것이다. 나아만도 모시는 주인이 있는 터라, 아람 왕에게 가서 급히 이스라엘에 다녀올 것을 허락받는다. 아람 왕은 아끼는 신하여

서 그런지 친서까지 써 주었다.

용사라 할지라도 자신이 나환자인 것을 인정하니까 어떤 일이 벌어졌는가? 평소에는 안 들리던 소리가 들린다. 겸손해져야만 들어야 할 소리가 들린다. 혹시 당신도 나아만과 같은 생각을 하고 있지는 않는가? 겉으로는 괜찮아 보이지만, 속은 말이 아닌 상태 말이다. 대한민국에서 그 정도로 살아남았다면 분명 잘 살아온 것이다. 괜찮은 인생 성적표다. 그러나 겉모습이 아닌 속을 묻고 싶다.

우리는 '용사이나 환자'라는 것을 인정해야 주변 사람의 이야기가 들린다. 아니 더 나아가 하나님의 음성도 들리기 시작할 것이다. 예전에는 예수의 '예'자를 귓등으로 넘겼지만 내 속이 나환자와 같다는 것을 인정하면 그토록 나를 인도하려고 애쓰던 주변의 소리가 들릴 것이다.

내 생각을 내려놓아라!

나아만 장군이 여종의 이야기에 홀리듯 이스라엘 땅에 있는 하나님의 종 엘리사를 찾아갔다. 아마 나아만 장군의 행렬은 대단했을 것이다. 그가 가지고 온 진기한 물건과, 수행원의 숫자도 적지 않았을 것이다. 그러나 아람 나라의 2인자가 왔는데 엘리사는 코빼기도 보이지 않는다. 심지어 심부름하는 사람을 시켜 요단강에서 몸을 일곱 번 씻으라는 신통치 않은 처방을 내놓는다. 아무리 답답해서 왔다지만 이건 아니다 싶어서 성질을 내고 돌아서려는 나아만이 말한다.

> 나아만이 노하여 물러가며 이르되 내 생각에는 그가 내게로 나와 서서 그의 하나님 여호와의 이름을 부르고 그의 손을 그 부위 위에 흔들어 나병을 고칠까 하였도다(왕하 5:11)

이것이 누구의 생각이라고 하는가? '내 생각에는'이다. 나아만은 자신에게 특별한 처방을 내려줄 거라 여겼는데 요단강에서 몸을 일곱 번 씻으라고 하니 자존심이 상했다. 처음 신앙생활을 할 때도 이와 같다. 주변 사람이 교회에 한번 가자고 해서 왔는데 가만히 들어 보니 말 같지도 않은 소리를 한다. 멀쩡한 사람을 죄인이라고 몰아붙인다. 예수라는 청년이 내 죄를 대신 짊어졌다고 한다. 자존심 상하는 말뿐이다! 그런데 어디에 비교해서 말이 안 된다고 생각하게 되는가? 그것은 바로 내 생각, 내 경험이 기준일 때다.

우리의 생각이 얼마나 흔들리는 갈대와 같은가 하면, 얼마 전에 우리 교회를 다녀간 공병호 박사를 보면 알 수 있다. 그가 예수를 믿기 전에 쓴 글과 예수 믿고 난 후에 쓴 글은 180도 다르다. 그의 대표적인 베스트셀러《부자의 생각 빈자의 생각》을 읽어 보았는가? 이 책에서 '부자의 생각'은 인생을 근사하게 사는 멋진 생각을 말한다. 반면 빈자의 생각은 허접한 인생을 살아가는 사람들의 패배주의다. 공 박사가 이야기하는 대표적인 '부자의 생각'이 무엇인가? 내 인생을 책임지는 것은 오로지 나뿐이므로 누구도 의지하지 말고 당당하게 자기 인생을 책임지라는 것이다. 그리고 '빈자의 생각'은 누군가 내 대신 책임질 것이라는 생각이다.

그런데 공 박사가 예수를 믿고 나서 저술한 최근 저서 《공병호의 성경 공부》에서 이렇게 말한다.

'우리가 처한 환경과 상관없이 참 행복과 참 평화를 누릴 수 있는 방법은 당신의 힘과 능력으로 만들어지는 것이 아닙니다. 그저 누리는 것입니다.'

우리의 생각이 얼마나 흔들리는 갈대와 같은지를 알 수 있는 대목이다. 우리의 인생을 치유하려면, 생각을 내려놓는 발상의 전환이 필요하다. 우리의 생각을 뒤집는 발상의 전환이 필요하다. 물론 나아만도 처음에는 그냥 돌아가려고 했다.

"요단강에서 일곱 번 목욕하라고? 웃기는 소리! 목욕한다고 병이 낫는 것도 이상하지만, 강이라면 우리나라 다메섹에 있는 강들이 이스라엘 모든 강물보다 훨씬 낫다."

하지만 그때 소식을 전해 준 여종이 당돌하게 말한다.

> 그의 종들이 나아와서 말하여 이르되 내 아버지여 선지자가 당신에게 큰 일을 행하라 말하였더면 행하지 아니하였으리이까 하물며 당신에게 이르기를 씻어 깨끗하게 하라 함이리이까 하니(왕하 5:13)

무슨 이야기인가? 당신은 나환자고, 선지자가 더한 일을 시켰어도 했을 텐데 깨끗하게 씻는 일을 마다할 이유가 없다는 것이다. 당신의 생각과 경험이 자신의 인생을 정말로 행복하게 이끌어 왔다고 생각하는가? 당신의 남은 생애를 위해서 더 큰 희생을 하라고 해도 감내할 것이 아닌가?

> 나아만이 이에 내려가서 하나님의 사람의 말대로 요단강에 일곱 번 몸을 잠그니 그의 살이 어린 아이의 살 같이 회복되어 깨끗하게 되었더라(왕하 5:14)

발상의 전환을 이룬 나아만이 이번에는 '내 생각대로'가 아니다. '하나님의 사람 말대로……'

요단강에 일곱 번 몸을 잠그니 그의 살이 어린 아이와 같이 깨끗하게 회복되었다.

나는 이 대목에서 아주 중요한 질문을 하려고 한다. 왜 하나님의 사람은 요단강에 일곱 번 목욕하도록 했을까? 일곱 번이라는 숫자가 영험해서가 아니다. 내 생각을 내려놓고, 하나님의 말씀대로 얼마나 순종하는지를 보기 위해서다. 그러면 요단강에서 목욕하는 것은 무엇을 의미하는가? 물에 내려간다는 것은 죽음을 상징한다. 그리고 올라온다는 것은 새로운 출발을 의미한다.

어떤 교회의 청년들이 단기 선교 자금을 마련하기 위해서 성도들의 차를 세차하려는 계획을 세웠다. 그런데 주일이 되자 갑자기 장대비가 쏟아졌다. 비 오는 날 세차하는 사람이 있을 리 없기에 청년들은 급히 모여서 회의를 했다. 회의 분위기는 점점 어두워졌고 단기 선교를 포기하자는 부정적인 의견까지 나왔다. 그때 한 청년이 다음과 같은 팻말로 홍보하자고 제안했다.

"우리는 비누칠하고, 주님이 닦으신다."

결과가 어떻게 되었을까? 대성공이었다. 조금만 생각을 바꿔 보자! 인생의 답이 보일 것이다. 용사이나 실은 나환자였던, 겉은 말짱하지만 속은 망가진 내 인생도 좀 달려져야 하지 않을까? 내 판단과 생각을 내려놓고, 나아만처럼 예수 안에서 다시 살아나는 당신이 되기를 기도한다.

그래도 세상은 살 만하다

옆의 그림은 19세기 말 영국에서 활동한 조지 프레드릭 왓츠(George Frederick Watts)의 것이다. 2004년 미국 대통령 버락 오바마가 이 그림을 보고 감동을 받아 대권에 도전할 마음을 먹었다고 해서 유명해졌다.

그림을 가만히 보면 한 여인이 둥근 공 위에서 슬픈 듯이 고개를 숙인 채 하프를 연주하고 있다. 여인은 하프에 기대어 앉아 가까스로 연주하는 것처럼 보인다. 그녀의 눈은 가려져 있고, 하프는 쇠사슬에 묶여 있다. 자세히 보면 47개의 줄 중에 마지막 한 줄만 남은 상황이다. 이 여인이 앉아 있는 공을 화가는 무엇으로 묘사했는가? 바로 지구다.

조지 프레드릭 왓츠, 〈희망〉, 테이트 갤러리

지구 위에 고독하게 앉아 있는 여인, 볼 수도 없고 몸을 마음대로 움직일 수도 없다. 그러나 하프를 연주해야 한다. 지구에 내 사정을 알아주는 이가 아무도 없고, 더 이상 버틸 힘도 없는 상태. 이 그림을 보면서 혹시 나도 저 여인과 같은 삶을 살고 있다고 생각되는가?

그런데 이 그림의 제목이 '희망!'이다. 절망이라고 이름을 붙여야 할 것 같은데 희망이라니. 그것은 아직 한 가닥의 하프 줄이 남아 있기 때문이다. 한 가닥으로도 연주는 계속할 수 있다는 것이다. 정말 한 가닥으로 연주가 가능한가? 클래식 음악 중에 잘 알려진 곡으로 'G선상의 아리아'라는 작품이 있다. 왜 그 곡이 'G선상의 아리아'일까? 이 작품은 바이올린의 4개의 현 중에 'G선'이라는 하나의 줄로만 연주하는 곡이다. 하나의 선으로만 연주해도 얼마나 아름다운지 모른다. 이처럼 우리의 삶이 한 가닥만 남겨진 하프와 같아도 괜찮다. 내가 붙들 것이 하나밖에 없어도 우리는 충분히 인생을 아름답게 연주할 수 있다. 더욱이 우리에게는 마지막 한 가닥이 되어 주시는 주님이 있다. 세상에서 유일하게 내 편이 되어 주시는 여호와 하나님이 끝까지 우리 곁에 있다는 것이 얼마나 큰 위로인지 모른다.

2002년 자살률 세계 1위였던 헝가리를 제친 이후, 우리나라는 10년 연속 경제협력개발기구(OECD) 국가 가운데 자살률 1위의 자살 공화국이 되었다. 사람들이 왜 이렇게 죽으려는 것일까? 이유는 여러 가지가 있겠지만, 더 이상 세상을 살 용기가 없기 때문이라고 한다. 그런데 이와 반대로 성경에는 기필코 죽지 않겠다고 읊조리는 사람이 나온다.

내가 죽지 않고 살아서 여호와께서 하시는 일을 선포하리로다(시 118:17)

누구는 이 세상에서 더 이상 살 수 없다고 죽으려 하는데, 다른 누군가는 살겠다고 외친다. 죽지 않고 기필코 살겠다고 한다. 시인이 왜 이렇게 살겠다고 외치는지, 그 이유가 어디에 있는지 말씀을 통해 살펴보자. 시인이 말하는 세상이 살 만한 이유가 무엇인가?

하나님이 죽음으로 내몰지 않으시기에

인생을 사는 것이 쉽지 않을 때가 많다. 사실 올 한 해도 어떻게 살아야 하나, 걱정이 태산인 사람들이 많다. 그러나 아무리 코너에 몰려도 하나님은 우리를 죽음으로 몰아가지 않으신다.

> 여호와께서 나를 심히 경책하셨어도 죽음에는 넘기지 아니하셨도다(시 118:18)

'경책한다'라는 것은 훈련시킨다는 말이다. '연단한다' 혹은 '징계한다'와 같이 쓰인다. 아무리 그것이 나를 단련시키기 위한 목적이라도, 혹은 우리의 잘못으로 인한 징계일지라도 하나님은 결코 우리를 죽음에 넘기지 않으신다.

정말 죽을 것 같은 사람이 있었다. 엘리야는 이스라엘이 우상 숭배와 타락으로 가득해 그 가운데서 살고 싶지 않았다. 엘리야는 갈멜산에서 바알과 아세라의 선지자 850명과 홀로 대결한 사람이다. 그래서 하늘로부터 불을 임하게 함으로써 여호와 하나님이 참 하나님임을 증명했다. 그런데 이번에는 자신을 죽이려고 달려드는 사람이 있었다. 당시 실권자였던 아합 왕의 아내 이세벨, 그녀가 엘리야를 죽이기 위해 사람을 보낸 뒤 이렇게 말한다.

> 이세벨이 사신을 엘리야에게 보내어 이르되 내가 내일 이맘때에는 반드시 네

생명을 저 사람들 중 한 사람의 생명과 같게 하리라 그렇게 하지 아니하면 신들이 내게 벌 위에 벌을 내림이 마땅하니라 한지라(왕상 19:2)

한 나라의 실권자가 죽이겠다고 달려드니까, 정말 죽을 것만 같았다. 그래서 엘리야는 하나님을 향해 하소연한다.

자기 자신은 광야로 들어가 하룻길쯤 가서 한 로뎀 나무 아래에 앉아서 자기가 죽기를 원하여 이르되 여호와여 넉넉하오니 지금 내 생명을 거두시옵소서 나는 내 조상들보다 낫지 못하니이다 하고(왕상 19:4)

이세벨의 손에 처참하게 죽는 것보다, 깨끗하게 생을 마치는 것이 낫다고 생각했던 사람이 엘리야였다. 그런데 하나님은 이런 엘리야를 이세벨의 손에 넘겨주지 않았다. 하나님이 그를 먹이셨다. 지친 그를 쉬게 하셨다. 몇 번을 그렇게 하셨다. 천사를 동원해서 그를 다시 일으켜 세웠다. 〈시편〉에도 똑같은 상황을 이렇게 이야기한다.

여호와께서 사람의 걸음을 정하시고 그의 길을 기뻐하시나니 그는 넘어지나 아주 엎드러지지 아니함은 여호와께서 그의 손으로 붙드심이로다 (시 37:23-24)

사람이 길을 가다가 넘어질 수 있다. 엘리야 같은 사람도 넘어진다. 때로는 보증을 잘못 서 그마나 있던 재산을 다 날릴 수도 있다. 별 재주도 없는데 사업한다고 나섰다가 말아먹을 수도 있다. 성실하게 살았는데 여전히 가난할 수도 있다. 그러나 아주 엎드러지지는 않는다. 여호와께서 그의 손으로 붙드시기 때문이다. 〈시편〉 37편과 〈시편〉 36편을 비교해서 읽어 보자!

> 그는 넘어지나 아주 엎드러지지 아니함은 여호와께서 그의 손으로 붙드심이로다(시 37:24)

> 악을 행하는 자들이 거기서 넘어졌으니 엎드러지고 다시 일어날 수 없으리이다(시 36:12)

험한 세상에서 우리는 넘어질 수 있다. 그러나 이 말씀 안에서 다시 살아갈 용기가 생길 것이다. 왜냐하면 하나님은 우리를 방치하지 않으시기 때문이다. 막연한 느낌이 아니다. 죽음에 내몰지 않을 뿐만 아니라, 우리에게 감당 못할 시험은 주시지 않는다고 하셨다.

> 사람이 감당할 시험밖에는 너희가 당한 것이 없나니 오직 하나님은 미쁘사 너희가 감당하지 못할 시험 당함을 허락하지 아니하시고 시험 당할 즈음에 또한 피할 길을 내사 너희로 능히 감당하게 하시느니라(고전 10:13)

때로 하나님이 우리를 벼랑 끝에 세우기도 한다. 그러나 벼랑 끝에서 확 밀어 낭떠러지로 떨어지게 하지는 않는다. 간혹 어떨 때는 떨어뜨리기도 한다. 그러나 그때는 우리가 독수리가 날개 치듯 올라갈 수 있다고 판단될 때다. 시험을 주실 수도 있다. 그러나 감당 못할 시험 당함을 허락하지 않으신다.

하나님이 혼자 버려두지 않기에

더 이상 살 수 없을 것 같다고 결정하는 대부분의 사람은 극도의 고독을 느낀다고 한다. 자살에는 경제적인 파산, 갑작스런 충격, 이별의 고통, 우울증 등 다양한 원인이 있지만 마지막 순간 대부분의 사람이 느끼는 것은 극도의 고독감이다. 세상 모든 사람이 등을 돌린 것 같은 고독감! 그래서 세계적인 대문호 헤밍웨이도 이런 유서를 쓰고 세상을 떠났다.

'나는 전류의 흐름이 그치고 필라멘트가 끊어진 전구처럼 고독하다.'

그가 쓴 《노인과 바다》, 《누구를 위하여 좋은 울리나》, 《무기여 잘 있거라》와 같은 대작도, 그에게 영광을 안겨 준 노벨상도 고독감을 어떻게 할 수 없었던 것 같다. 차라리 죽는 것이 좋겠다고 외쳤던 엘리야도 그랬던 것 같다.

> 그가 대답하되 내가 만군의 하나님 여호와께 열심이 유별하오니 이는 이스라엘 자손이 주의 언약을 버리고 주의 제단을 헐며 칼로 주의 선지자들을 죽였음이오며 오직 나만 남았거늘 그들이 내 생명을 찾아 빼앗으려 하나이다 (왕상 19:10)

엘리야는 이세벨의 칼날이 두려운 게 아니다. 홀로 남았다는 고독감이 죽음을 부르고 있다. 그런데 시인은 죽지 않고 살겠다고 말한다. 그 이유가 무엇인가?

> 여호와는 내 편이시라 내가 두려워하지 아니하리니 사람이 내게 어찌할까 여호와께서 내 편이 되사 나를 돕는 자들 중에 계시니 그러므로 나를 미워하는 자들에게 보응하시는 것을 내가 보리로다(시 118:6-7)

여호와가 내 편이다. 그래서 나는 죽지 않고 살 수 있다. '오직 나만 남았나이다'라고 하면서 극도의 고독감을 드러낸 엘리야에게 하나님은 뭐라 하시는가?

> 그러나 내가 이스라엘 가운데에 칠천 명을 남기리니 다 바알에게 무릎을 꿇지 아니하고 다 바알에게 입맞추지 아니한 자니라(왕상 19:18)

하나님은 엘리야를 위해 몇 명을 남겨 두었는가? 7,000명이다. 엘리야는 혼자가 아니다. 7,000명이 남은 것도 중요하지만, 누가 7,000

명을 남겼다고 하는가?

"내가 이스라엘 가운데에 칠천 명을 남기리니"

그 일을 행하는 분이 바로 하나님이다.

하나님이 내 기도에 응답하기에

하나님은 우리를 혼자 버려두지 않으신다. 내 편이 되어 붙들어 주신다. 그러면 하나님이 어떤 방식으로 우리를 홀로 두지 않는가?

> 내가 고통 중에 여호와께 부르짖었더니 여호와께서 응답하시고 나를 넓은 곳에 세우셨도다(시 118:5)

> 주께서 내게 응답하시고 나의 구원이 되셨으니 내가 주께 감사하리이다(시 118:21)

고통 중에 부르짖는 기도에 응답하심으로 하나님은 우리를 버려두지 않으신다. 너무 힘들어서 살 소망을 잃었는가? 기도할 힘조차 없는 날이 오기 전에 주님 앞에 나와 부르짖자! 혹 기도할 힘조차 없을 때가 와도, 믿음으로 주를 붙들면 우리를 위해 기도하는 분이 계신다.

이와 같이 성령도 우리의 연약함을 도우시나니 우리는 마땅히 기도할 바를

알지 못하나 오직 성령이 말할 수 없는 탄식으로 우리를 위하여 친히 간구하시느니라(롬 8:26)

말할 수 없는 탄식으로 성령께서 우리를 위해 기도하신다. 그래도 세상 살 용기가 생기지 않는가?

대한민국의 대표 지성 이어령 교수는 한국에 '그래도'라는 섬이 있다고 말했다. 불행한 일이 있을 때, 살기 힘들 때, 자신의 꿈과 소망이 산산조각이 날 때, 긍정의 힘을 만드는 게 바로 '그래도'라는 섬이다. 우리 마음속에 존재하는 섬, 그래도. 그래도 세상은 살 만하다.

우리를 홀로 버려두지 않으시는 하나님, 항상 내 편이 되시는 하나님, 우리의 기도에 응답하는 하나님, 그 하나님이 계시기에 그래도 세상은 살 만하다고 믿는다. 이걸 믿는 사람은 이렇게 신앙을 고백한다.

내가 죽지 않고 살아서 여호와께서 하시는 일을 선포하리로다(시 118:17)

세상 사람들은 더 이상 살아갈 수 없다고 말하지만, 우리는 죽지 말자. 포기하지 말자. 기필코 살아서 하나님이 우리에게 허락하신 인생을 아름답게 연주하자. 가슴이 시릴 정도로 아름답게, 두 눈에 눈물이 맺힐 정도로 아름답게 연주하는 우리가 되기를 소망한다.

내 백성을 위로하라

'프리허그'라는 말을 들어본 적이 있는가? 우리말로 하면 '안아 주기 운동'이 된다. 이 캠페인은 호주 시드니에서 처음 시작되었다. 어떤 사람이 '자유롭게 안아드립니다'라고 쓰인 팻말을 들고 서 있다가 원하는 사람이 다가오면 따뜻하게 안아 준다. 우리나라 문화에서는 상당히 파격적인 일이다. 알지도 못하는 사람을 안아 준다는 것이 쉽지 않기 때문이다. 그럼에도 불구하고 날씨가 쌀쌀해지면, 서울 강남역 같은 곳에서 프리허그 팻말을 들고 서 있는 사람을 종종 만날 수 있다.

호주에서 시작된 캠페인이고, 우리와 문화가 다름에도 불구하고 프리허그가 사회에 반향을 일으키는 이유가 무엇일까? 알지도 못하는 사람이 그냥 안아 주는 것뿐인데 왜 그렇게 많은 사람이 감동받고, 눈물을 흘릴까?

그만큼 현대인은 외로운 것이다. 마음에 상처가 많고, 위로받고 싶지만 어느 누구 하나 슬픔을 달래 줄 이가 없는 것이다. 과거에 솔로몬도 똑같이 탄식했다.

> 내가 다시 해 아래에서 행하는 모든 학대를 살펴 보았도다 보라 학대 받는 자들의 눈물이로다 그들에게 위로자가 없도다 그들을 학대하는 자들의 손에는 권세가 있으나 그들에게는 위로자가 없도다(전 4:1)

솔로몬이 해 아래에서 행해지는 학대를 보았다고 하는데, 이 시대를 살아가는 우리야말로 무서운 학대 속에 살고 있다. 우선 우리는 영적인 학대를 받고 있다. 악한 세력이 보이지 않는 손으로 우리를 사정없이 할퀴고, 속이고, 충동질해서 한 시간도 평안하게 보내지 못하도록 한다. 우리를 정욕의 노예로 끌고 다닌다. 무서운 양심의 가책에 시달리게 하고, 영안을 어둡게 해서 헤매도록 만드는 무시무시한 영적인 학대……. 이 학대에 시달리지 않는 사람은 한 사람도 없다. 뿐만 아니라 약한 자를 학대하는 강한 자의 손길이 미치지 않는 곳이 없다. 대기업이 중소기업을 암암리에 학대한다. 작은 기업에 다니는 사람들의 신음이 하늘에 닿아 원통함을 풀지 못하고 있다. 가진 자가 가난한 자를 학대한다. 배운 자가 못 배운 자를 학대하고, 잘난 자가 못난 자를 학대한다. 세상 어디를 봐도 학대가 없는 곳이 없다. 그런데 더 답답한 것은 우리를 위로해 줄 이가 없다는 것이다. 우리의 상처를 싸매 줄 부드러운 손이, 눈물을 닦아 줄 따뜻한 손이 없다. 세상의 그 무엇도 우리를 영구적으로 위로해 줄 수 없다. 어쩌면 이것 때문에 더 큰 학대를 느끼는지도 모른다. 그런데 성경은 뭐라고 말씀하는가?

> 너희의 하나님이 이르시되 너희는 위로하라 내 백성을 위로하라(사 40:1)

위로자가 없는 우리에게 하나님이 친히 위로자가 되어 주신다. 〈이사야서〉의 말씀은 예언의 말씀이다. 이중적인 예언이다. 일차적으로 바벨론에서 종살이하던 이스라엘 백성이 70년간의 포로 생활을 끝내고 하나님의 위로 가운데, 자유를 얻고 돌아올 것을 예언하고 있다. 그러나 거기서 끝이 아니다. 장차 하나님이 이 세상에 보낼 메시아가 오면, 인류에게 하나님의 특별한 위로가 있을 것이라는 예언이다. 이것은 유대인들이 바벨론 포로에서 돌아와 그대로 이루어졌을 뿐만 아니라, 오늘날에도 예수 그리스도를 통해 하나님의 위로가 우리에게 임한다. 그래서 하나님의 위로가 어떤 것인지, 말씀을 통해 살펴보고자 한다.

어떻게 위로하시는가?

하나님이 우리를 어떻게 위로하시는가? 내가 보기에는 굉장히 독특한 방법이다. 하나님 입장에서는 참으로 특별한 방법이다.

> 여호와의 영광이 나타나고 모든 육체가 그것을 함께 보리라 이는 여호와의 입이 말씀하셨느니라(사 40:5)

지극히 거룩하신 하나님이, 친히 우리를 찾아와 주심으로 위로하신다. 후~ 불면 날아가는 미물 같은 우리를 위해 직접 찾아오신다. 상상이 되는가? 정말 하나님이 우리를 찾아오신다면 그것만한 위로가 어디 있겠는가!

사실 하나님은 우리를 위로하시려고 마음만 먹으면 뭐든 다 할 수 있는 분이다. 무엇이든지 다 동원하실 수 있다. 그런데 하나님이 선택한 방법은 우리를 찾아오는 것이었다. 결국 하나님이 우리를 위로하기 위해 하나님 자신을 동원하셨다.

'말씀이 육신이 되어 우리 가운데 거하시매 아버지의 독생자의 영광이요 은혜와 진리가 충만하더라!' 주님은 베들레헴 말구유에서 우리와 똑같은 모습으로, 누구든지 손 내밀 수 있는 분으로 오셨다. 왜냐하면 우리에게 진정으로 필요한 것은 돈이나 출세가 아니고, 항상 함께해 주는 따뜻한 위로자임을 아시기 때문이다.

　서울 마포 대교에 가면 다리가 말을 건다. 원래 마포 대교는 아이들이 수능을 망칠 때 찾는 다리였다고 한다. 부부 싸움 후에, 회사가 부도나거나 직장에서 속상한 일이 있을 때, 실연을 당할 때 찾는 다리였다. 그곳은 자살 명소로 유명한 다리다. 그런데 이 다리가 서울시와 삼성생명이 함께 기획해서 '생명의 다리'로 탈바꿈했다.

　보행자가 교각 초입에 들어서면 "밥은 먹었어?", "별일 없지?", "바깥바람 쐬니까 좋지?"라고 쓰인 글을 보게 된다. 보행자에게 말을 걸어 주는 문구가 있는 것이다. 또 "슬프거나 우울한 일이 있다면 집에 가서 청양고추 한 입 먹어 보세요", "아픔은 더 큰 아픔으로 잊는 법이니까요", "가장 빛나는 순간은 아직 오지 않았다" 등 친근한 메시지로 상대를 위로하고 있다. 다리 중간에는 황동 재질로 "한 번만 더"라는 동상이 설치돼 있다. 실의에 빠진 한 남자를 다른 남자가 볼을 꼬집으며 호통하는 모습이다. 그리고 "힘드신가요? 당신의 이야기를 들어 드리겠습니다"라고 적힌 글 옆에 생명의 전화가 있다. 밤에는 구간마다 센서가 설치되어 보행자의 움직임을 감지하고, 조명이 보행자를 따라 반응하며 친근하게 말을 거는 힐링의 다리가 되었다.

무슨 이야기인가? 누군가 다가와 말만 걸어 줘도 우리는 충분히 위로받을 수 있는 것이다. 그것이 아무 감정도 없는 난간 위에 쓰인 글귀라 할지라도, 차디찬 동상일지라도, 나와 아무 상관없는 사람과 나누는 한 통의 전화라도 말이다.

그런데 생명의 주님이 나를 찾아와서 지친 어깨를 감싸 주신다면 어떨까? 이것보다 더 확실한 위로는 세상에 없을 것이다.

> 수고하고 무거운 짐 진 자들아 다 내게로 오라 내가 너희를 쉬게 하리라
> (마 11:28)

이 말씀은 우리에게 오라는 말씀이 아니다. 왜냐하면 우리는 주님 앞에 갈 수도 없고 갈 방법도 모르기 때문이다. 그럴 능력도 없다. 이 말씀은 주님이 우리에게 찾아오신다는 말씀이다. 말씀이 육신이 되어 우리 가운데 오신 예수님, 우리 속에 영으로 임하는 예수님, 그분은 우리에게 위로가 필요한 줄 알고 찾아오신다.

무엇을 해주시는가?

> 보라 주 여호와께서 장차 강한 자로 임하실 것이요 친히 그의 팔로 다스리실
> 것이라 보라 상급이 그에게 있고 보응이 그의 앞에 있으며(사 40:10)

하나님은 우리에게 오실 때 강한 자로, 강한 팔로 다스리실 것이라
고 말씀하신다. 상급이 있으며, 구원받은 자나 구원받지 못한 자에게
보응하신다. 예수님은 우리를 죄에서 구원하신 강한 하나님이다. 만
나는 것으로 끝이 아니라, 강한 팔로 죄 가운데 있는 우리를 건져 올리
시는 구원의 주님이다. 우리는 죄 문제가 해결되지 않으면 어떤 상황
에서도 진정한 자유를 누릴 수 없다. 평화와 안식도 없다. 마귀의 권세
에서 해방되지 못하는 이상, 우리는 진정한 위로를 받지 못한다. 그런
데 이 일을 누가 하는가? 우리를 찾아오신 예수님이다. 구원자가 되어
주셔서 강한 팔로 우리를 건져 올리신다. 그것으로 끝이 아니다.

> 그는 목자 같이 양 떼를 먹이시며 어린 양을 그 팔로 모아 품에 안으시며 젖먹
> 이는 암컷들을 온순히 인도하시리로다(사 40:11)

예수님이 우리를 다루실 때는 나의 약한 것을 그대로 인정하신다.
〈마태복음〉 1장부터 〈요한복음〉 마지막 장까지 예수님의 행적을 기
록하는 복음서를 보면 예수님은 한 번도 우리에게 힘든 말씀을 하지
않으셨다. 부담스러운 말씀을 하신 적이 없다. 예수님은 대적자나 바

리새인들에게는 엄한 말로 책망하고, 심판하고, 정죄하셨다. 그러나 가련하고 연약한 인생들, 하나님의 위로가 필요한 자들에게는 감당하기 어려운 말씀을 하신 적이 없다. 언제나 부드럽게 싸매어 주시고, 위로하시고, 잘 따라오지 못하면 이끌어 주신다. 하나님 나라까지 우리를 인도하시는 분, 그분이 위로의 주님이시다.

> 오직 여호와를 앙망하는 자는 새 힘을 얻으리니 독수리가 날개 치며 올라감 같을 것이요 달음박질하여도 곤비하지 아니하겠고 걸어가도 피곤하지 아니하리로다(사 40:31)

당신은 하나님의 위로를 얼마나 경험하고 있는가? 순간순간 우리 주님이 찾아오셔서 맥 빠진 나를 격려하고 다시 일으켜 세우신다. 강을 건너고, 높은 산을 넘고, 넓은 광야를 훨훨 날아오르도록 날마다 위로하신다. 그 하나님의 위로가 깨달아지도록 성령께서 이 시간 은혜 주시길 소원한다.

왜 체험하지 못할까?

위로의 하나님을 만나려면, 우리는 어떻게 해야 할까? 성경은 외치는 자의 소리를 통해서 이렇게 말한다.

외치는 자의 소리여 이르되 너희는 광야에서 여호와의 길을 예비하라 사막에서 우리 하나님의 대로를 평탄하게 하라(사 40:3)

말하는 자의 소리여 이르되 외치라 대답하되 내가 무엇이라 외치리이까 하니 이르되 모든 육체는 풀이요 그의 모든 아름다움은 들의 꽃과 같으니 풀은 마르고 꽃이 시듦은 여호와의 기운이 그 위에 붊이라 이 백성은 실로 풀이로다 (사 40:6-7)

위로자인 하나님을 만날 수 있는 사람은 누구인가? "나는 풀이요, 나는 꽃이요, 그러므로 나는 의지할 것도 없고 자랑할 것도 없고 교만할 것도 없고 나는 아무것도 아닙니다"라고 자기를 시인하는 사람이다. 겸손하게 자기 자신을 낮추는 사람! 그가 위로의 하나님을 만날 수 있는 사람이다.

교만한 자의 마음으로는 절대 하나님을 만날 수 없다. 높은 산이 가로막고 있는데 어떻게 여호와를 만날 수 있을까? 높은 마음으로는 하나님을 모실 대로를 준비할 수 없다.

골짜기마다 돋우어지며 산마다, 언덕마다 낮아지며 고르지 아니한 곳이 평탄하게 되며 험한 곳이 평지가 될 것이요(사 40:4)

예수를 오래 믿었는데 왜 하나님의 위로를 받지 못할까? 왜 험한 세상에서 위로의 하나님을 만나지 못할까? 아직도 마음속에 높은 것이 있기 때문이다. 교만한 마음, 자랑하고 싶은 마음, 나만의 고집…….
그렇게 마음속에 높은 산이 가로막고 있으면 하나님을 만나기 어렵
다. 하나님의 위로는 더더욱 어렵다. 이것 때문에 아까운 세월을 보내
는 사람들이 많다. 무엇인가 포기하지 않기 때문에, 무엇인가 움켜쥐
고 자랑하고 있기 때문에, 하나님을 만나지 못하는 안타까운 사람들
이 있다. 분명히 하나님의 위로가 있어야 살 수 있는 상황임에도 불구
하고 말이다. 그래서 〈시편〉의 시인은 이렇게 고백한다.

> 여호와여 주는 겸손한 자의 소원을 들으셨사오니 그들의 마음을 준비하시며
> 귀를 기울여 들으시고(시 10:17)

어떤 자의 소원을 들으시는가? 겸손한 자다. 하나님 앞에 겸손히 무
릎을 꿇고 "나는 아무것도 아닙니다"라고 고백해야 한다. 가족들 앞에
서는 큰소리치지만 마음속으로 떨고 있는 나를 불쌍히 여겨달라고 기
도하면 된다. 이렇게 마음이 평지까지 낮아지면 그 열린 대로를 따라
위로의 하나님이 우리에게 찾아오신다. 내 마음이 평지가 되도록 낮
추자. 그래서 위로자 하나님을 모실 수 있도록, 그분을 모실 수 있는
공간을 깨끗이 청소하자. 왜? 우리는 하나님의 위로가 필요한 사람들
이니까.

그러므로 우리는 긍휼하심을 받고 때를 따라 돕는
은혜를 얻기 위하여 은혜의 보좌 앞에 담대히 나아갈 것이니라
〈히 4:16〉

Part 3

관계를
회복하고 싶은
당신에게

관계를 회복하고 싶은 당신에게

용서하기 용서받기

한 부인이 휴대 전화 배경 화면에 남편의 사진을 넣고 다녔다. 어느 날 친구들이 그 모습을 보고 말했다.

"너는 결혼한 지 몇 년인데 아직도 신혼이니?"

"난 골치 아픈 문제가 있을 때마다 이 사진만 보면 해결된다."

"야! 넌 아직도 남편을 그렇게 사랑하는 거니?"

"그게 아니야, 이 사진을 볼 때마다 세상에 이보다 더 큰 문제는 없을 거라 생각하면 웬만한 문제는 문제도 아니거든."

사람들은 흔히 기독교를 일컬어 사랑의 종교라고 부른다. 기독교는 사랑을 이야기하고 사랑을 증거 하는 종교다. 그러나 많은 사람들이 그 사랑의 뿌리가 무엇인지 잊어버릴 때가 많다.

사랑의 뿌리는 다름 아닌 용서다. 기독교라는 약재를 약탕기에 넣어서 달인다고 생각해 보자. 달이고 또 달여서 마지막 한 방울을 똑 떨어뜨리면 무엇이 될까? 아마도 용서일 것이다. 왜냐하면 주께서 우리에게 보여 주신 십자가의 사랑도 결국은 용서하는 사랑이기 때문이다. 우리의 모든 죄를 사하시고, 우리를 의롭다고 하신 사랑……

십자가로부터 용서를 제하면 아마 나무토막만 덩그렇게 남을지도 모른다.

누구나 처음 교회에 나올 때, 하나님의 용서를 체험하고 그리스도인이 되었다. 이 땅에서 생이 마감되고 천국 문이 열릴 때도, 용서의 문을 통하여 천국에 들어가게 될 것이다. 그리고 심판대 앞에서 우리는 또 다른 용서를 체험하게 될 것이다. 그러므로 기독교는 '용서의 종교'라고 해도 과언이 아니다.

그런데 용서는 하는 것이 쉬운가, 받는 것이 쉬운가? 창세기 말씀을 보면 이 둘을 모두 다루고 있다. '용서하기 그리고 용서받기.'

대표적으로 용서하는 쪽은 요셉이다. 형들이 요셉을 노예로 팔았다. 팔려간 곳에서도 모함을 받아 감옥까지 가게 된다. 말로 다할 수 없는 수모와 고통을 겪은 요셉이 형들을 용서하고 있다.

요셉이 그들에게 이르되 두려워하지 마소서 내가 하나님을 대신하리이까 당신들은 나를 해하려 하였으나 하나님은 그것을 선으로 바꾸사 오늘과 같이

많은 백성의 생명을 구원하게 하시려 하셨나니(창 50:19-20)

반면 용서를 받는 쪽은 누구인가? 요셉의 형들은 아버지가 지나치게 요셉만 감싸는 것을 보고 화가 났다. 왜냐하면 아버지가 요셉에게 입힌 채색옷이 단순히 화려한 옷이기 때문은 아니다. 채색옷을 입혔다는 것은 아버지가 요셉을 상속자로 여겼다는 것이다. 거기다가 요셉이 꿈 이야기를 하는데 기가 막히다. 형들이 요셉의 발 앞에 무릎을 꿇고 복종한다는 내용이다. 이 이야기에 화가 나서 기회를 엿보다가 요셉을 노예로 팔았다. 형들은 시간이 지나서야 과거의 잘못에 대해서 용서를 구한다.

> 그의 형들이 또 친히 와서 요셉의 앞에 엎드려 이르되 우리는 당신의 종들이니이다(창 50:18)

이 부분 말씀을 보면 용서는 하는 것도, 받는 것도 결코 쉽지 않아 보인다. 사실 인간관계의 껄끄러운 문제들은 다 이와 같은 것들이다. 하지만 우리가 그리스도인이라면, 마땅히 용서할 줄도 알고 용서받을 줄도 아는 사람이 되어야 한다. 우리가 믿는 십자가란 나무토막만 덩그렇게 남은 막대기가 아니다. 그러므로 그리스도의 용서가 배어 있는 십자가를 가슴에 품고 사는 하나님의 종이 될 수 있기를 바란다.

용서하기

우리 중에 용서의 당위성을 부정하는 사람은 없을 것이다. 그리스 도인이라면 누구나 용서해야 한다는 사실을 인정한다. 그러나 어떻게 용서할 수 있는지 그 방법이 묘연하다. 우리는 어떻게 용서할 수 있을까?

첫 번째로 보는 게 달라져야 한다. 요셉은 용서하기 정말 어려운 상황이었다. 보통 어떤 사건에 대해서는 '우발적인가, 고의성이 있는가'에 따라 죄의 경중을 따진다. 이 사건은 철저하게 고의적이다. 형들은 계획적으로 요셉의 채색옷을 벗기고 구덩이에 던졌다가 지나가는 상인에게 팔았다. 게다가 아버지를 속이기 위해 채색옷을 찢어 짐승의 피를 뿌려서 연기한다. 광야에서 요셉의 옷을 발견했다고 말이다. 형들은 너무 교활한 죄를 저질러 정상 참작의 여지가 없어 보인다. 이에 따른 피해도 엄청나다. 무엇보다 그렇게 보낸 세월이 얼마인가? 요셉은 십수 년을 그렇게 보내야만 했다. 그런데 지금 요셉은 마음만 먹으면 얼마든지 형들에게 복수할 수 있는 위치에 올랐다. 입장을 완전히 뒤바꿔 놓을 수 있는 힘이 있다. 그런데도 요셉이 용서하는 이유는 무엇일까?

> 요셉이 그들에게 이르되 두려워하지 마소서 내가 하나님을 대신하리이까
> (창 50:19)

요셉은 이 모든 상황이 누구로부터 시작되었다고 고백하는가? 하나님으로부터 시작되었다고 고백한다. 그리고 그 하나님을 바라보며, 모든 것을 맡기는 요셉의 모습을 엿볼 수 있다.

당신들은 나를 해하려 하였으나 하나님은 그것을 선으로 바꾸사 오늘과 같이 많은 백성의 생명을 구원하게 하시려 하셨나니(창 50:20)

요셉은 단순히 형들의 악행만 보지 않았다. 그 배후에 하나님의 섭리를 보았다. 장차 가나안에 찾아올 기근을 대비하기 위해, 자신의 가족을 살리기 위해 누군가 애굽에 가야 했다. 형들은 요셉에게 악감정으로 행했지만, 하나님은 그것을 선으로 바꾸셨다. 요셉이 누굴 보고 있었는가? 바로 하나님이다!

요셉이 원한 맺힌 상처를 씻어 내고 형들을 용서할 수 있었던 이유는 보는 게 달랐기 때문이다. 하나님의 뜻을 보았고, 모든 것을 선으로 바꾸는 하나님의 섭리를 보았기에 용서할 수 있었다. 보는 게 달라지기만 해도 역사는 일어난다. 과거에 이스라엘 백성들이 광야에서 불뱀에 물렸을 때를 기억하는가? 곳곳에서 백성들이 죽어갈 때, 하나님의 처방이 무엇이었는가? 땅꾼을 사서 불뱀을 잡으라가 아니다.

여호와께서 모세에게 이르시되 불뱀을 만들어 장대 위에 매달아라 물린 자마다 그것을 보면 살리라 모세가 놋뱀을 만들어 장대 위에 다니 뱀에게 물린 자

가 놋뱀을 쳐다본즉 모두 살더라(민 21:8-9)

놋뱀을 쳐다본 자는 모두가 살았다. 보는 게 달라져야 살 수 있다. 주변에 우리를 무는 자가 천지다. 직장 동료, 교회 성도, 심지어 가족……. 만일 우리가 무는 자만 쳐다보고 있으면 어떻게 될까? 더 독이 오른다. 그래서 용서하지 못하는 사람들에 대해 이렇게 말한다.

"쥐약은 자기가 먹고 상대가 죽기를 기다리는 것과 같다."

그것은 자기 속에 독을 계속 쌓아 올리는 것이기 때문이다. 만일 요셉이 자신에게 상처를 준 형들만 보고 있었으면 용서가 가능했을까? 생각할수록 화가 났을 것이다. 상처를 준 사람을 이해할 수도 없다. 이럴 때 요셉이 선택한 방법이 무엇인가? 고개를 돌렸다. 악을 선으로 바꾸시는 하나님을 바라보는 것. 이렇게 보는 것만 달라져도, 우리 속에 하나님의 용서가 싹트기 시작한다.

두 번째로 내가 먼저 용서해야 한다.

요셉의 형제들이 그들의 아버지가 죽었음을 보고 말하되 요셉이 혹시 우리를 미워하여 우리가 그에게 행한 모든 악을 다 갚지나 아니할까 하고(창 50:15)

형들이 요셉 앞에서 벌벌 떠는 이유가 있었다. 이젠 아버지 야곱이 죽고 없는 상태다. 그래도 아버지가 살아계실 때는 아버지의 얼굴을 봐서라도 참겠지만 이젠 동생이 과거의 앙갚음을 할지 모른다는 불안감이 몰려왔다. 그래서 직접 나서지도 못하고 중간에 사람을 세운다. 요셉의 마음이 어땠을까? 게다가 형들이 한다는 이야기가 이렇다.

> 요셉에게 말을 전하여 이르되 당신의 아버지가 돌아가시기 전에 명령하여 이르시기를(창 50:16)

아버지의 유언을 방패막이로 삼아 입을 연다. 요셉은 형들이 하는 말을 들을 때 눈물을 흘린다. 형들에 대한 안타까움의 눈물이었으리라. 그러나 형들은 요셉이 울었다는 소식을 접하고 간사하게 "휴~ 이젠 살았다"라고 생각하며 이번에는 직접 와서 이렇게 말한다.

> 그의 형들이 또 친히 와서 요셉의 앞에 엎드려 이르되 우리는 당신의 종들이니이다(창 50:18)

형들의 모습이 너무 간사해 보이지 않는가? 이 모습을 본 요셉은 어땠을까? 간혹 사람들은 이렇게 이야기한다.

"용서! 좋다 이겁니다. 다 좋은데, 적어도 용서받아야 할 사람이 와서 빌기라도 해야 할 것 아닙니까? 잘못했다고 말이라도 해야 하는 거 아니냐고요!"

세상 사람들에게는 이 논리가 맞다. 용서를 빌면 용서해 주는 것이다. 그러나 성경적으로 보면 그건 용서가 아니다. 주고받는 '거래'이지 용서가 아니라는 말이다. 예수님은 뭐라고 하시는가?

"네 오른 뺨을 치면 왼편도 돌려대라! 오 리를 가자고 하거든 십 리도 동행하라! 일곱 번씩 일흔 번까지도 먼저 용서해 주라!"

먼저 용서하는 것, 성경은 이것을 '용서'라고 한다. 형들이 요셉의 발 앞에 엎드린 것은 진심 어린 회개나 진정성이 있는 돌이킴이 아니었다. 불안하니까 일단 고비를 넘겨보자는 식이다. 그걸 요셉이 몰랐을까?

> 당신들은 두려워하지 마소서 내가 당신들과 당신들의 자녀를 기르리이다 하고 그들을 간곡한 말로 위로하였더라(창 50:21)

형들은 자신과 처자식이 살아남을 수 있는지가 가장 궁금했을 것이다. 그걸 알아차린 요셉이 직접 이렇게 이야기한다.

"두려워하지 마소서 내가 당신들과 당신들의 자녀를 기르리이다!"

요셉은 어떻게 이런 마음을 가질 수 있었을까? 요셉은 상대가 어떻게 나오는지 상관없다. 요셉은 자신이 먼저 용서한다. 이게 진짜 용서다. 우리는 상대가 먼저 사죄하고 진정성을 보여야 한다고 버틴다. 우리가 잘 아는 복음 성가 가수 최용덕 씨도 그랬다. 우리가 즐겨 부르는 '나의 힘이 되신 여호와', '낮엔 해처럼 밤에 달처럼' 같은 주옥같은 곡을 지은 분이다. 그가 어느 날 가족처럼 지내던 친구와 사소한 의견 차이가 생겨 관계가 멀어졌다. 아무리 생각해도 그 친구가 잘못한 일이다. 그래서 용서를 구할 때까지 기다렸다. 헌데 어느 날 성령께서 그에게 말했다.

"넌 어찌 된 인간이냐!"

그는 정신이 번쩍 나서 친구를 찾아가 용서를 구했다. 그날 밤에 그 친구와 함께 만든 찬양이 '내가 먼저'라는 곡이다.

내가 먼저 손 내밀지 못하고 내가 먼저 용서하지 못하고
내가 먼저 웃음 주지 못하고 이렇게 머뭇거리고 있네
그가 먼저 손 내밀기 원했고 그가 먼저 용서하길 원했고
그가 먼저 웃음 주길 원했네 나는 어찌 된 사람인가
오 간교한 나의 입술이여 오 더러운 나의 마음이여
왜 나의 입술은 사랑을 말하면서 왜 나의 맘은 화해를 말하면서
왜 내가 먼저 져줄 수 없는가 왜 내가 먼저 손해 볼 수 없는가
오늘 나는 오늘 나는
주님 앞에서 몸 둘 바 모르고 이렇게 흐느끼고 서 있네
어찌할 수 없는 이 맘을 주님께 맡긴 채로……

나는 용서와 관련하여 항상 마음에 두고 있는 말이 있다.

"향나무는 자기를 찍은 도끼날에도 독을 묻히지 않고 향을 묻힌다."

나에게 상처를 주고 물어뜯는 원수를 보면서 열받는 것이 아니라, 악을 선으로 바꾸시는 하나님을 바라보자. 잔머리를 굴리는 게 다 보이고 진정성을 드러내지 않는다 하더라도 내가 먼저 용서하자. 우리를 찍어 대는 도끼날에 그리스도의 향기를 진동시키는 하나님의 종이

되기를 소망한다. 이와 같이 용서하는 것도 어렵지만 그만큼 또 어려운 것이 있다.

용서받기

요셉은 형들을 언제 용서했을까? 아버지 야곱이 죽을 때까지 버티다가 죽은 뒤 형들이 살려달라고 비니까 용서한 것일까? 아니다. 요셉은 처음부터 용서했다. 애굽의 국무총리가 되어 주변 나라에 곡식을 나눠 줄 때, 형들도 곡식을 얻으러 왔다. 형제들의 극적인 재회가 이루어질 때, 요셉은 어떻게 용서하는가?

> 나는 당신들의 아우 요셉이니 당신들이 애굽에 판 자라 당신들이 나를 이곳에 팔았다고 해서 근심하지 마소서 한탄하지 마소서 하나님이 생명을 구원하시려고 나를 당신들보다 먼저 보내셨나이다(창 45:4-5)

형들은 놀라 말문이 막혔으나 요셉은 처음부터 자신을 판 그들을 원망하지 않았다. 하나님의 뜻을 염두에 두고 있었기 때문이다.

> 요셉이 또 형들과 입맞추며 안고 우니 형들이 그제서야 요셉과 말하니라 (창 45:15)

또 그의 아버지와 그의 형들과 그의 아버지의 온 집에 그 식구를 따라 먹을 것을 주어 봉양하였더라(창 47:12)

요셉은 형들을 용서하고, 화해의 세리머니도 마쳤다. 아직 기근이 끝나지 않은 상황에 요셉이 가족들을 모셔와 어떻게 도왔는지 보자. 그러면 용서와 화해가 다 끝난 것임을 알 수 있다. 뭐가 더 필요한가? 17살에 팔려서 오만 가지 사연의 생을 살다가 서른 살에 애굽의 총리가 되었다. 그리고 7년의 풍년이 지나고 흉년이 시작되었을 때의 이야기이니까 요셉의 나이가 37세 전후다. 세월이 흘러 창세기 50장에서 아버지 야곱이 죽었다. 이제 요셉의 나이는 대략 오십 세다. 그런데 13년이 지나 아버지가 죽고 나서 형들이 하는 이야기를 다시 들어 보자.

요셉의 형제들이 그들의 아버지가 죽었음을 보고 말하되 요셉이 혹시 우리를 미워하여 우리가 그에게 행한 모든 악을 다 갚지나 아니할까 하고(창 50:15)

형들은 여전히 떨고 있다. 지난 13년 동안 형들이 어떻게 살았다는 말인가? 여전히 용서를 받아들이지 못한 상태였던 것이다. 용서는 13년 전에 다 끝났는데 말이다. 요셉은 형들을 용서했지만, 형들은 용서를 받아들이지 못한 이유가 무엇일까?

첫 번째로, 자기 자신을 용서하지 못했기 때문이다. 정작 피해를 본 당사자는 용서했다. 입맞춤도 했다. 하나님 앞에 희생 제사도 드렸다.

그런데 형들이 여전히 용서를 받아들이지 못하는 이유가 있다. 형들은 과거 동생에게 행한 자신의 죄를 용서하지 못하고 있다. 요셉도 잊었고, 하나님도 잊었는데 자신들은 끝까지 기억하고 있다.

실제로 이런 경우가 있다. 인생을 살다 보면 너무 큰 실수여서 이미 지나간 일이지만, 또 생각나고, 또 되새겨지고……. 그때 생각만 하면 얼굴이 화끈 달아오르고, 누가 알까 걱정되는 때가 있다. 그러나 그것으로 하나님의 용서를 의심하는 어리석은 사람이 한 명도 없기를 바란다. 하나님은 용서를 구하는 이에게 뭐라고 하는가?

> 오라 우리가 서로 변론하자 너희의 죄가 주홍 같을지라도 눈과 같이 희어질 것이요 진홍 같이 붉을지라도 양털 같이 희게 되리라(사 1:18)

> 나 곧 나는 나를 위하여 네 허물을 도말하는 자니 네 죄를 기억하지 아니하리라(사 43:25)

두 번째로, 지불한 대가가 없었기 때문이다. 13년 전, 요셉이 형들에게 용서의 대가로 뭔가를 요구했다면, 하다못해 노역이라도 했다면, 그래서 죗값을 치르도록 했다면, 상황은 달랐을 것이다. 그러나 지불한 대가가 없다. 그래서 불안한 것이다. 용서가 취소될까 봐 말이다. 요셉이 형들에게 용서의 대가를 요구하지 않은 이유는 무엇일까? 할 수 없었기 때문이다. 기근을 피해 곡식을 얻으러 온 형편에 물질로 보상을 요구하겠는가? 아니면 이미 흘러간 세월을 보상받을 수 있는가?

방법이 없었다. 그리고 중요한 것은 요셉은 형들이 좋았다. 그래서 울었던 것이다. 그래서 입맞춤을 했던 것이다. 그런데 우리는 이 땅을 사는 동안 무조건적인 용서를 경험한 적이 없다. 그래서 순수하게 누군가를 용서할 수도 용서받을 수도 없다. 그러나 주님은 우리를 무조건적으로 사랑해 주셨다.

> 우리가 아직 죄인 되었을 때에 그리스도께서 우리를 위하여 죽으심으로 하나님이 우리에 대한 자기의 사랑을 확증하셨느니라(롬 5:8)

'용서'는 기독교의 액세서리가 아니다. 기독교 신앙의 근간이다. 용서 없는 십자가는 말 그대로 막대기에 지나지 않는다. 보는 것이 달라져야 용서가 가능하다. 계속 상대만 바라보면 신앙생활을 평생 해도, 새벽 기도에 철야 기도까지 해도 용서할 수 없다. 내 속에 독이 쌓여 있어서 그렇다. 십자가에 달리신 주님을 바라봄으로 용서에 성공할 수 있기를 바란다.

그리고 누가 먼저가 아니라, '내가 먼저' 용서의 손을 내밀어야 용서의 축복을 누릴 수 있다. 혹 이미 받은 용서를 아직도 누리고 있지 못하고 있는가? 자기 자신을 용서하자! 주님이 말씀하신다.

> 예수께서 이르시되 나도 너를 정죄하지 아니하노니(요 8:11)

용서와 관련해서 코리 텐 붐 여사의 이야기를 많이 들었을 것이다. 그녀는 네덜란드 사람으로 제2차 세계 대전 중에 유태인을 숨겨 주다가 발각되어 나치 수용소에 수감되었다. 그곳에서 말할 수 없는 고문을 당했다. 종전 후 그녀는 복음 전도자가 되어 용서의 메시지를 전했는데 한번은 독일에 초청을 받았다. 집회를 마치고 사람들과 인사를 나누던 그녀는 깜짝 놀랐다. 한 노신사가 와서 인사를 하는데 그는 다름 아닌 나치 수용소에서 그녀를 고문했던 사람이었다.

"다른 사람은 다 용서해도 그는 도저히 용서할 수 없습니다."

코리 텐 붐은 마음속으로 울부짖었다. 그때 조용한 주님의 음성이 들려왔다.

"애야! 난 그 사람까지도 구원하기 위해 십자가를 졌단다."

그녀는 그 즉시 회개했다. 그리고 놀라운 주님의 사랑과 용서의 은혜를 깊이 깨닫고 그를 용서할 수 있었다.

십자가의 사랑을 경험해야 용서하고 용서받을 수 있다. 오늘 그 십자가의 사랑 속으로 들어가는 하나님의 종들이 될 수 있기를 바란다.

만남의 축복

나는 이민 교회를 섬길 때부터 '헌아식'
이라는 것을 중요하게 여겼다. 헌아식은 아이를 출산해서 처음 교회
에 데리고 왔을 때, "이 아이는 하나님의 것입니다. 하나님의 뜻대로
양육하겠습니다"라고 축복하는 것을 말한다. 일종의 영적 할례라고
보면 된다. 그때마다 내가 꼭 잊지 않고 하는 기도가 있다. 3주밖에 되
지 않은 아이를 품에 꼭 안고 "하나님! 이 아이에게 만남의 복을 주옵
소서! 무엇보다 하나님 아버지를 인격적으로 만나게 하여 주옵소서!
뿐만 아니라 자라면서 좋은 친구를 만나게 하시고, 좋은 스승을 만나
게 하시고, 좋은 책과 만나게 하시고, 좋은 배우자를 만나는 복을 허락

해 주십시오"라고 꼭 기도한다.

많은 기도가 있지만 내가 왜 그 기도를 놓치지 않을까? '나와 너'라는 책을 써서 세계적으로 주목을 받은 유태인 철학자 마틴 부버(Martin Buber)가 인생을 만남이라고 정의하면서 이렇게 말했다.

"바른 만남은 인생의 정도를 걷게 하지만, 잘못된 만남은 방향이 틀어질 뿐만 아니라 무의미한 인생길을 걷게 한다."

인생을 살수록, 사역을 감당할수록, 좋은 만남은 아무리 욕심내도 지나치지 않다는 생각이 든다. 이것은 개인도 마찬가지고 교회 공동체는 더욱 더 그렇다. 좋은 교역자와의 만남, 또 좋은 성도와의 만남, 좋은 공동체와의 만남은 아무리 강조해도 지나치지 않다.

빌립보서 말씀을 보면 정말 부러운 만남이 소개된다. 바울과 빌립보 성도들의 만남이다. 그들의 만남이 얼마나 아름다운가 하면, 빌립보서 1장 3절과 4절에서 아주 특이한 표현을 반복한다. 3절에 "내가 너희를 생각할 때마다", 4절에 "간구할 때마다", 즉 이것은 서로, 언제든지, 항상 생각나는 사이라는 뜻이다.

그리고 7절에 보면 "내가 너희 무리를 위하여 이와 같이 생각하는 것이 마땅하니 이는 너희가 내 마음에 있음이며"라고 이야기한다. 8절에는 더 심각한 것이 나온다.

"내가 예수 그리스도의 심장으로 너희 무리를 사모하는지 하나님이 내 증인이시라"

그들의 사이가 얼마나 끈끈했는지 항상 생각나고, 늘 마음에 두고,

심지어 사모하고, 거기다가 하나님을 증인으로 내세울 정도라고 말한다. 마치 연인들이 연애할 때 주로 쓰던 말처럼 느껴진다. 바울과 빌립보 성도들의 만남이 얼마나 좋았으면 연인 사이를 방불케 했을까?

대한민국이 세계에서 자살률 1위 국가가 된 것은 가슴과 가슴이 만나는 만남이 없기 때문이다.

잡코리아가 직장인들을 대상으로 한 설문 조사 결과에서 직장인 10명 중에 7명은 우울증을 경험하고 있다고 한다. 그리고 직장인들 4명 중에 1명은 화장실에서 혼자 분을 푼다고 한다. 이런 우리의 삶과 바울과 빌립보 성도들의 모습을 비교하면, 그들의 모습이 정말 부러울 정도다.

더 주목할 것은 이 둘의 관계가 어떤 관계인가? 교역자와 평신도이다. 사실 교역자와 평신도 사이에는 뭔가 모르게 어려운 점이 있다. 조심스럽고, 넘기 어려운 벽이 존재한다. 그럼에도 불구하고 바울과 빌립보 교회 성도들이 이런 것을 다 뛰어넘어 만남의 축복을 누렸다. 우리도 가능한 일 아닐까? 바울과 빌립보 성도들의 만남이 가능했던 이유를 찾아보자.

그들은 복음으로 교제했다

바울은 빌립보 교회 성도들을 생각할 때마다 감사가 넘치고, 간구할 때마다 기쁨이 넘쳤다. 바울에게는 그저 생각만 해도 그 만남이 행복 그 자체였다. 그 이유가 말씀에 나온다.

> 내가 너희를 생각할 때마다 나의 하나님께 감사하며 간구할 때마다 너희 무리를 위하여 기쁨으로 항상 간구함은 너희가 첫날부터 이제까지 복음을 위한 일에 참여하고 있기 때문이라(빌 1:3-5)

빌립보교회가 개척된 지 대략 10년 정도의 시간이 흘렀다. 그 기간 동안 항상 복음 안에서 함께 교제했다는 것이다. 여기 '교제한다'라는 말은 우리가 익히 잘 아는 헬라어로 '코이노니아'이다. 그런데 우리가 쉽게 생각하는 것처럼 단순한 수준의 코이노니아가 아니다. 함께 구역 예배를 드리거나 식사하는 정도가 아니다. 어떤 영어 성경을 보면 'in the Gospel'이라고 해서 '복음 안에서 교제했다'라고 번역한다. 이렇게 번역이 다양한 이유는 원문에서 '복음'이라는 단어 앞에 '에이스'라는 헬라어 전치사가 복합적인 의미를 갖고 있기 때문이다. 이 전치사의 의미를 다 살리면, 바울이 정말 무슨 이야기를 하고 싶은지 보다 분명해진다.

"너희가 첫날부터 이제까지 복음과 함께, 복음 때문에, 복음을 위해, 복음 곁에서, 복음으로 말미암아, 복음 안에서 교제했다."

바울과 빌립보 성도들 사이를 연결하는 것은 교역자와 평신도라는 형식적인 타이틀이 아니다. 그저 단순히 한 교회를 섬기고 있다는 유

대감도 아니다. 함께 고생했다는 인간적인 의리도 아니다. 그 사이에
는 복음이 있었다. 이들은 처음부터 복음으로 강력하게 연결되어 있
었다. 바울이 처음 빌립보 성으로 들어가 안식일에 기도할 곳을 찾다
가 여인들이 강가에 모인 것을 보고 복음을 전한다. 거기에 마침 누가
있었는가? 자주 장사 루디아라는 여성 사업가가 있었다. 바울의 전도
를 받고 그와 식구들이 세례를 받았다. 그러고는 바울을 강권하여 자
기 집에 머물게 한다. 나중에는 자기 집을 빌립보 선교의 베이스캠프
로 선뜻 내놓는다. 여기서 남녀의 벽이 허물어졌다. 또 바울과 실라가
복음을 전하다가 귀신 들린 자를 고쳐 주었다. 그런데 이 귀신 들린 자
를 이용해서 돈벌이하던 주인이 수입원이 없어지니까 온 성을 발칵
뒤집고는 이들을 옥에 갇히게 만든다. 그들은 감옥에 쇠고랑을 차고
앉아서 간수에게 복음을 전한다. 그 유명한 말씀이 이때 나온다.

"주 예수를 믿으라 그리하면 너와 네 집이 구원을 얻으리라"

복음을 듣고 유태인도 아닌 이방인이, 그것도 죄수를 지켜야 할 로
마 간수가 자기 집에 이들을 모셔다가 말씀을 청해 듣는다. 자연스럽
게 간수와 온 가족이 빌립보 교회 멤버가 된 것이다. 유태인과 이방인
이라는 사회적 통념이 무너졌다.

복음은 남녀를 초월하고, 인종의 한계를 뛰어넘고, 하나가 되게 하
는 역사를 일으킨다. 복음 앞에서 그 어떤 한계도 없다. 하나님 안에서
우리는 하나의 공동체가 된다.

당신 속에 복음으로 엮인 만남이 있는가? 복음을 전하다가, 또 그

말씀대로 살다가, 세상에서 함께 고난당한 적이 있는가? 죽어가는 영혼을 건지기 위해 함께 기도하고 몸부림치다가 맺어진 끈끈한 사랑을 경험해 보았는가? 이것이 바로 복음의 교제다. 이런 만남을 한 번만 경험하면 빈 가슴이 채워진다. 독일의 저술가 에셴바흐라는 사람은 말했다.

"한 사람의 진실한 벗은 천 명의 적이 우리를 불행하게 만드는 그 힘 이상으로 우리를 행복하게 만든다."

그러므로 절대 자살하지 않는다. 우울증도 단번에 날려 버릴 수 있다. 그리고 이 경험은 평생 잊히지 않는다.

나 역시 17년 전 경산중앙교회에서 동역하던 성도들을 생각하면 지금도 마음이 참 좋다. 시장에서 공단 안으로 예배당을 옮겨왔을 때 새벽 예배를 마친 성도들이 걸레를 들고 본당 바닥을 같이 닦던 일이 지금도 생생하다. 장의자가 들어오기 전에 바닥에 광을 낸다고 찬송가를 부르며 엉덩이 치켜들고 닦던 모습을 떠올리면 저절로 미소가 지어진다. 큰 본당을 주셨으니 한 영혼이라도 건지자고 '행복한 사람들의 축제'를 만들어 전도 주일을 시작했다. 함께 기도하며 영혼들을 섬기다가 그들이 영접하는 것을 볼 때 성도들과 같이 눈물 흘리던 기억이 지금도 선하다. 2000년, 경산중앙교회에서 처음 해외 단기 선교팀이 떠났다. 그때 장년들과 청년들이 어우러져 함께 실크로드 프로젝트라고 카자흐스탄 선교를 했다. 안 되는 영어에 러시아 어까지 배우며 나는 그때 처음으로 "뜨라스 부이제(안녕하세요?)", "다 비스다냐

(굿바이)"이 두 문장으로 전도했다.

사랑하는 당신이여! 혹시 마음속에 공허함이 있는가? 무얼 해도 채워지지 않는 빈 가슴이 있다면 그것은 축복된 만남이 없기 때문이다. 돈으로 엮인 관계는 이해관계가 끝나면 소원해진다. 일로 만난 관계는 업무가 끝나면 관계도 끝난다. 그러나 복음으로 하나가 된 관계는 주님 앞에 서는 그날까지 아니 주님 앞에서도 영원하다. 안 보면 보고 싶고 생각나고, 그래서 저절로 기도가 나오고……. 이 얼마나 좋은가?

그들은 중보 기도하는 사이였다.

간구할 때마다 너희 무리를 위하여 기쁨으로 항상 간구함은(빌 1:4)

"간구할 때마다"라고 했으므로 눈만 감으면 생각이 나는 사이다. 어떻게 하면 이런 사이가 될 수 있을까? 기도하면 가능하다. 기도하면 마음에 품을 수 있다. 4절에 "항상 간구했다"라는 바울의 증언을 주목할 필요가 있다. 아무리 좁은 가슴이라 할지라도 기도하면 넓어진다. 영혼을 품을 수 있게 된다.

내가 기도하노라 너희 사랑을 지식과 모든 총명으로 점점 더 풍성하게 하사 너희로 지극히 선한 것을 분별하며 또 진실하여 허물 없이 그리스도의 날까지 이르고(빌 1:9-10)

바울이 이렇게 빌립보 성도들을 위해 기도했다면, 빌립보 성도들은 과연 누구를 위해 기도했을까? 당연히 바울을 위해 밤낮없이 기도했을 것이다. 성도가 무엇인가? 서로를 위해 기도하는 관계, 중보 하는 사이다. 그래서 한스 큉이라는 위대한 신학자는 이렇게 말했다.

"우리 예수 믿는 사람들은 각자 다른 사람들을 위해서 하나님 앞에 나아가는 자임을 알고 있다. 우리는 나를 위해 하나님 앞에 나가는 것이 아니라 다른 사람을 위해서 하나님 앞에 나가는 자들이다. 우리는 다른 형제들의 고통과 고난을 같이 나누며 그들의 죄 짐을 같이 지며 매사에 같이 동거하기 위해서 부름을 받은 사람이다. 우리 모두는 더 이상 자신을 위해 살지 않고 하나님 앞에서 다른 사람들을 위해 살며, 그 대신 자기는 다른 사람들의 도움을 받아가며 살아가지 아니하면 안 되는 사람들이라는 사실을 우리는 잊지 말아야 한다."

그렇다면 교회는 무엇인가? 우리 주님은 교회를 "내 집은 만민이 기도하는 집이라"라고 말했다. 사실은 여기에 두 글자를 더 넣어야 한다.

"내 집은 만민이 '중보' 기도하는 집이라!"

단순히 내 기도만 하는 것이 아니라 서로를 위해 중보 기도하는 것이 중요하다. 이미 금이 가서 돌이킬 수 없는 부부 관계라 할지라도, 이해할 수 없고 신뢰할 수 없을지라도, 미움의 골이 깊을지라도 마찬가지다. 어느 한쪽이 주님 앞에 기도로 나아가면, 기도로 그 영혼을 가슴에 품으면 언젠가는 "당신은 내 마음에 있어!"라고 바울처럼 고백하게 될 줄 믿는다.

그러려면 서로 기도 제목을 나누어야 한다. 구역과 부서에서 가까운 지체들끼리 아니면 부부끼리라도 나누어야 한다. 적어도 나를 위해 애정을 가지고 기도할 사람이 세 명은 있어야 한다. 기도의 삼 겹 줄을 튼튼히 세워야 한다. 그래야 이 악한 시대에 당신과 가정을 지키고 자녀들을 보호할 수 있다.

간혹 "목사님! 저는 기도 부탁할 사람이 없는데요"라고 하소연하는 이들이 있다. 그렇다면 당신이 기도 부탁을 하기 전에 먼저 상대에게 기도 제목을 물어보고 기도해 주어야 한다. 세상에 공짜가 어디 있겠는가!

그들은 함께하는 사이였다

내가 너희 무리를 위하여 이와 같이 생각하는 것이 마땅하니 이는 너희가 내 마음에 있음이며 나의 매임과 복음을 변명함과 확정함에 너희가 다 나와 함께 은혜에 참예한 자가 됨이라(빌 1:7)

여기에서 바울과 빌립보 성도들의 끈끈한, 도무지 이해하기 어려운 관계의 비밀을 알 수 있다. 바울과 빌립보 성도들은 함께 세 가지를 했다. 첫 번째는 매임, 두 번째는 변명함, 세 번째는 확정함에 함께했다고 한다. 이 세 가지는 그냥 봐서는 잘 모른다. 원어적인 의미를 살펴야 하는데 모두 법률적인 용어다. '함께했다'라는 것은 단순히 같은 공간과 같은 시간을 두고 하는 말이 아니다. 책임지는 일을 같이 해주었다는 것이다. 여기에 '매임'이라는 것은 쇠사슬을 차고 옥살이한다는 말이다. 또 '변명함'이라고 했다. 바울이 로마 옥에 갇힌 채 곧 황제 앞에서 재판을 받게 된다. 변호사도 없이 자신이 스스로 변호해야 했다. 외로운 법정 싸움인 것이다. 그런데 황제와 재판관들 앞에서 함께했다는 말이다. 끝으로 '확정함'이라는 것은 네로가 판결하는 대로 죽이면 죽고, 살리면 살게 되는 상황에서 함께 있어 주었다.

처음에는 바울이 혼자인 줄 알았다. 그런데 아니었다. 빌립보 성도들은 예수를 믿는 순간부터 바울과 함께 엄청난 핍박을 받았다. 그들은 사회적으로 왕따를 당했다. 바울은 어쩔 수 없이 다른 지역으로 떠났지만, 이들은 빌립보에 남아서 믿음을 지키기 위해 사력을 다해 싸웠다. 경제적으로도 어려웠지만 정성을 모아서 그 돈을 자기들의 지도자 에바브로디도의 손에 들려서 저 멀리 떨어져 있는 로마 감옥에 보냈다.

바울이 로마 감옥에서도 복음을 전할 수 있었던 것은 극한 영적 전쟁 중에서도 함께하는 성도들이 있었기 때문이다. 혼자는 넘어진다. 그러나 우리는 공동체가 있기 때문에 이길 수 있다. 함께하는 동역자가 있고 함께하는 교회가 있기에 사단과의 싸움에서 이길 수 있다. 이처럼 끝까지 함께하고 책임져 주는 만남의 축복이 당신의 삶 가운데 있기를 축복한다.

만남에는 3가지 종류가 있다. 생선 같은 만남, 꽃과 같은 만남, 손수건 같은 만남이다.

첫 번째, 생선 같은 만남은 만지면 비린내가 난다. 만나면 서로에게 좋지 못한 영향을 주고받는다. 시기하고 질투하고 싸우고……. 이런 만남은 오래 갈수록 썩은 냄새가 풍긴다.

두 번째, 꽃과 같은 만남이다. 만나면 향기가 나고 좋아서 어쩔 줄 모르지만 금세 시든다.

세 번째, 손수건 같은 만남은 상대가 슬플 때 눈물을 닦아 주고 그의 기쁨이 내 기쁨인 양 진정으로 축하해 주고, 힘들 때는 땀도 닦아 주는 만남이다.

오늘날 이 시대는 손수건과 같은 만남이 필요하다. 우리 주님도 새 하늘과 새 땅이 도래하는 그날 손수건 같은 만남으로 우리의 눈물을 닦아 주신다고 하셨다.

> 모든 눈물을 그 눈에서 닦아 주시니 다시는 사망이 없고 애통하는 것이나 곡하는 것이나 아픈 것이 다시 있지 아니하리니 처음 것들이 다 지나갔음이러라(계 21:4)

우리가 믿는 하나님은 만남을 통해서 일하신다. 인생이 혼자 힘으로 되는 것 같지만 하나님은 축복된 만남을 통해서 개인의 역사, 교회의 역사, 인류의 역사를 펼쳐 나가신다. 우리가 속한 곳에서 복음의 교제가 생기기를 바란다. 더 나아가 기도실에서 서로를 마음에 품고 기도하는 은혜의 릴레이가 이어지기 바란다. 그렇게 짜여진 강력한 영적 스크럼으로 전쟁터와 같은 세상에서 서로를 외로이 두지 말고 같이 헤쳐 나가는 우리가 되면 좋겠다. 그럴 때 우리는 이 땅에서 천국의 예고편을 경험하게 될 것이다. 이런 은혜로운 만남의 주인공이 되기를 주의 이름으로 축복한다.

관계를 회복하고 싶은 당신에게

관계의 힘

"행복의 90%는 인간관계에 달려 있다!" 이것은 덴마크의 철학자 키르케고르(Kierkegaard)가 한 말이다. 인간이란 혼자서는 행복할 수 없기에, 우리는 원하든 원하지 않든 서로 연결되어 살아간다. 그래서 우리가 누리는 행복의 대부분은 인간관계에 달려 있다. 반대로 우리가 겪는 불행의 대부분 역시 관계 때문이다. 성경도 관계의 문제를 얼마나 중요하게 가르치는가 하면, 〈빌립보서〉를 보면 알 수 있다.

마음을 같이하여 같은 사랑을 가지고 뜻을 합하며 한마음을 품어 아무 일에

> 든지 다툼이나 허영으로 하지 말고 오직 겸손한 마음으로 각각 자기보다 남
> 을 낮게 여기고(빌 2:2-3)

여기서 '각각 자기보다 남을 낮게' 여긴다고 할 때 들어가는 받침은 ㅅ 이다. 낮게 할 때 들어가는 ㅈ 받침이 아니다. 나보다 더 낮게 여기라는 말이다. 성경에서 왜 이렇게 관계를 비중 있게 가르치고 있을까? 그것은 사람과의 관계가 가장 어렵지만 그만큼 가치 있는 일이기 때문이다.

> 그는 근본 하나님의 본체시나 하나님과 동등됨을 취할 것으로 여기지 아니하
> 시고 오히려 자기를 비워 종의 형체를 가지사 사람들과 같이 되셨고 사람의
> 모양으로 나타나사 자기를 낮추시고 죽기까지 복종하셨으니 곧 십자가에 죽
> 으심이라(빌 2:6-8)

얼마나 가치 있는 일이면 십자가를 걸겠는가. 그만큼 어렵고 가치 있는 일이 인간관계이기에 이렇게 가르치고 있는 것이다. 실제로 원만한 인간관계가 정서적인 영역, 심리적인 안정감을 넘어서, 실제 삶에도 얼마나 중요한 영향을 미치는지 한 실험을 보면 알 수 있다.

미국에서 공과 대학으로 유명한 퍼듀대학교의 연구진이 5년에 걸쳐 공학부 졸업생을 조사했다. 재학 당시 두뇌가 뛰어나고 학업 성적이 좋다고 평가받은 상위 그룹과 그렇지 못한 하위 그룹의 연봉 차이를 조사했다. 그랬더니 그 차이가 월급으로 200달러 정도였다. 우리 돈으로 환산하면 20만 원 내외로 큰 차이가 없었다. 반면 대인 관계에

서 뛰어나다는 평가를 받은 상위 그룹과 대인 관계에 서투른 하위 그룹의 연봉 차이는 무려 33%였다.

관계의 문제는 '두루두루 원만하게 지낸다, 성품이 좋다' 정도로 끝나는 것이 아니다. '관계의 힘'은 실제적인 삶에도, 인생에도, 하나님과의 관계에도 마찬가지다. 관계에 힘이 있다는 것은 인맥을 발휘한다는 말이 아니다. 관계를 잘 풀어낼 때, 파워를 발휘한다는 것이다.

그런데 살다 보면 아무리 잘 풀려고 해도 안 되는 사이가 있다. 〈룻기〉에 나오는 두 사람이 그렇다. 한 사람의 이름은 나오미이고 또 다른 사람은 룻이다. 두 사람의 관계는 시어머니와 며느리다. 상황이 좋을 때야, 어려운 고부 사이도 좋은 척하며 지나갈 수 있다. 그러나 유다 출신 나오미는 남편을 따라 두 아들과 함께 모압으로 이민을 갔다. 이민 가는 사람이 다 그렇듯이 잘살아 보려고 갔을 것이다. 처음에는 두 며느리도 생기고 좋은 것 같았다. 그런데 십 년 사이에 큰 일이 벌어졌다.

> 나오미의 남편 엘리멜렉이 죽고 나오미와 그의 두 아들이 남았으며 그들은 모압 여자 중에서 그들의 아내를 맞이하였는데 하나의 이름은 오르바요 하나의 이름은 룻이더라 그들이 거기에 거주한 지 십 년쯤에 말론과 기룬 두 사람이 다 죽고 그 여인은 두 아들과 남편의 뒤에 남았더라(룻1:3-5)

여자에게 남편이 먼저 세상을 떠난다는 것은 하늘이 노래지는 일이다. 당시에 과부가 된다는 것은 사회 하층민이 된다는 의미다. 아무도 생계를 책임질 사람이 없기 때문이다. 그래서 성경도 교회가 구제할 때 고아와 과부를 돌아보라고 한다. 이런 상황에서 시어머니와 며느리 사이는 언제 터질지 모르는 시한폭탄과 같다. 그런데 룻이 이렇게 어려운 관계를 어떻게 풀어 가는지 잘 보자. 나중에는 시어머니가 며느리 때문에 덩실덩실 춤을 추는 자리에 이른다. 이처럼 인간관계를 잘 풀기 위해서 반드시 필요한 세 가지가 있다.

긍휼이 필요하다

과부가 된 나오미는 이제 기댈 곳이 친정밖에 없다. 그래서 이민 갔던 모압에서 유대 땅으로 돌아오는 중이다. 처음에는 두 며느리가 함께 따라나섰다. 그런데 길을 가다가 시어머니가 계속 돌아가라고 한다. 그 말에 큰며느리 오르바는 작별 인사를 하고 떠난다. 이렇게 떠난들 누가 뭐라고 하겠는가? 이것이 일반적인 사람이다. 그러나 룻은 어떻게 했는가?

오르바는 그의 시어머니에게 입 맞추되 룻은 그를 붙좇았더라(룻 1:14)

붙좇았다는 말은 표준새번역을 보면 훨씬 잘 이해된다.
"오르바는 시어머니에게 입 맞추면서 작별 인사를 드리고 떠났다. 그러나 룻은 오히려 시어머니 곁에 더 달라붙었다."

오르바는 떠나는데 룻은 왜 더 달라붙을까? 고부간의 사이가 각별해서? 혹 시어머니가 더 예뻐서? 예루살렘에 도착했을 때, 시어머니 나오미는 사람들에게 "여호와께서 나를 징벌하셨고 나를 괴롭게 하셨고 그래서 나는 비어 돌아왔다"라고 말한다. 옆에 룻이 버젓이 있는데도 다 잃고 돌아왔다고 말한다. 즉 나오미에게 룻은 안중에도 없었던 것이다. 나오미는 오로지 잃어버린 남편, 잃어버린 아들 생각으로 비통함에 젖어 있었다. 그럼에도 불구하고 룻이 그렇게 붙좇았던 이유는 무엇일까? 룻은 모든 것을 잃은 늙은 시어머니가 홀로 고향에 가는 것이 안타깝고 불안했을 것이다. 베들레헴으로 간다고 해서 보장되는 것은 아무것도 없었다. 돌볼 사람이 자신밖에 없었기에 나오미를 두고 떠날 수는 없었다. 룻의 마음에 무엇이 있는가? 긍휼히 여기는 마음! 사람을 아낄 줄 아는 마음! 히브리어로 하면 헤세드의 마음이다.

1995년 10월 17일, 미국 매사추세츠 메모리엘 병원에서 희한한 사건이 있었다. 카이리와 브리엘이라는 쌍둥이가 태어났다. 자매는 예정일보다 12주나 빨리 세상에 나오는 바람에 몸무게가 1Kg밖에 되지 않았다. 인큐베이터에서 특별 관리를 받을 수밖에 없는 상태였다. 특히 동생 브리엘은 심장에 큰 결함을 갖고 태어나서 의사들은 하나같이 비관적으로 전망했다. 시간이 지나면서 언니 카이리는 몸무게가 늘고 회복도 잘 되었지만 브리엘은 예상대로 비관적이었다.

"미안하다. 아가, 천국에서는 아프지 마!"라고 하면서 모두가 아기의 죽음을 받아들일 즈음, 브리엘을 돌보던 간호사 게일은 아이가 아

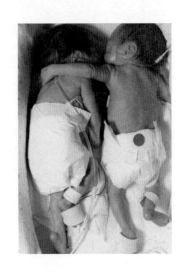

픈 몸으로 무언가를 간절히 말하고 있다는 것을 느낀다. 간호사가 아픈 브리엘과 건강을 회복한 카이리를 한 인큐베이터에 있게 하자고 제안했다. 그러곤 부모를 설득해서 자매를 함께 있도록 했다.

그때 나타난 현상이다. 건강한 언니가 서서히 몸을 돌려 아픈 동생을 껴안았다. 작은 몸들의 포옹을 경외의 눈으로 지켜보던 의료진들에게 더 놀랄 일이 벌어졌다. 포옹하고 있는 사이에 위험 수위에 있던 브리엘의 혈액 내 산소 포화도가 정상이 된 것이다. 기계의 오작동인 줄 알았는데 그게 아니었다. 기적이 일어난 거다. (레이먼드 조, 《관계의 힘》 중에서)

우리 모두는 누군가로부터 이렇게 이해받고 싶은 마음이 있다. 따뜻하게 안김받고 싶은 마음, 긍휼히 여김받고 싶은 마음이 있는 것이다. 이민 가서 잘살리라 마음먹은 시어머니 나오미, 그러나 남편과 아들을 잃고 빈손으로 돌아갈 수밖에 없는 시어머니를 긍휼히 여기고 있는 것이다. 여기서부터 룻의 인간관계는 풀리기 시작한다. 우리 주변의 사람들을 잘 보자! 아닌 것 같지만, 고통 속에서 신음하는 사람이 있다. 우리가 주님이 주시는 마음으로 영혼을 긍휼히 여길 수 있기를 바란다. 서로 끌어안을 수 있기를 주의 이름으로 부탁하고 싶다.

의지가 필요하다

처음에는 나오미가 이런 룻의 호의를 밀어낸다. 성경이 '붙좇았더라'라는 단어까지 써가면서 기록하고 있지만, 나오미는 어떻게 하는가?

> 나오미가 또 이르되 보라 네 동서는 그의 백성과 그의 신들에게로 돌아가나니 너도 너의 동서를 따라 돌아가라 하니(룻 1:15)

우리가 누군가를 진심으로 긍휼히 여겼다고 해서 상대가 바로 마음을 열 것이라 생각하지 말자. 오히려 처음에는 더 멀리 달아나는 경우가 많다. 그것 때문에 정나미가 떨어질지도 모른다. 그러나 도움을 받는 사람들은 그게 자신을 지키는 방식, 자기 자존심을 지키는 방법이라 생각하는 경우가 많다. 이때 필요한 것이 우리의 의지이다.

어머니께서 가시는 곳에 나도 가고 어머니께서 머무시는 곳에서 나도 머물겠나이다 어머니의 백성이 나의 백성이 되고 어머니의 하나님이 나의 하나님이 되시리니(룻 1:16)

룻은 단순히 어머니를 모시고 잘 봉양하겠다는 것이 아니다. 룻이 모시고 섬긴 것은 어머니이지만, 그것이 하나님의 명령이고 하나님의 뜻이기에 섬긴다고 말한다. 룻의 결연한 의지를 보고 나오미는 진심을 받아들인다. 우리가 왜 사람을 긍휼히 여겨야 할까? 그 사람이 긍휼히 여길 만해서? 예쁜 구석이 있어서? 아니다.

긍휼히 여기는 자는 복이 있나니 그들이 긍휼히 여김을 받을 것임이요(마 5:7)

'긍휼히 여기라'는 주의 말씀이 있기에, 그리고 내가 베푼 긍휼로 나도 언젠가는 이해받고 사랑받고 싶어서다. 많은 그리스도인들이 인간관계에 대해 잘못 생각하고 있는 것이 있다. 잘 맞는 사람들끼리 있는 것이 행복이라고 착각한다. 그건 익숙한 것이지 진짜 행복은 아니다. 세상 사람들도 이 정도는 한다. 그러나 그리스도인의 진짜 행복은 서로 다른 사람들이 만났지만, 자기보다 남을 낮게 여기라는 말씀 앞에 순종하는 기쁨을 맛보는 것이다. 대인 관계의 행복은 '완벽한 만남'에서 오는 것이 아니다. '진정한 굴복'에서 오는 것이다.

모든 것이 하나님께로서 났으며 그가 그리스도로 말미암아 우리를 자기와 화목하게 하시고 또 우리에게 화목하게 하는 직분을 주셨으니(고후 5:18)

하나님은 우리에게 화목케 하는 직분을 주셨다. 이것을 믿는다면 감정과 상관없이 분명한 하나님의 말씀에 굴복할 수 있기를 바란다. 감정은 조석으로 변한다. 하지만 감정도 습관이라는 사실을 아는가? 습관이라는 말은 알코올 중독처럼 습관적인 행동 기제가 있다는 것이다. 뇌가 나도 모르게 움직일 수 있다는 말이다. 그러므로 어떨 때는 감정이 폭군처럼 나를 끌고 다닐 때가 있다. 그래서 습관처럼 폭발해서 겨우 공들인 인간관계를 깨뜨릴 때가 있다. 그때 하나님의 말씀 앞에 순종하겠다는 선명한 의지가 작동되기를 주의 이름으로 축원한다.

기술이 필요하다

대부분의 인간관계가 무엇으로부터 깨질까? 첫 번째는 폭군과 같이 폭발하는 감정 때문이다. 그 다음은? 개념 없이 터져 나오는 말 때문이다. 나오미가 뱉는 부정적인 말, 거친 말들을 보라. 듣는 사람의 마음을 찌른다.

나오미가 이르되 내 딸들아 돌아가라 너희가 어찌 나와 함께 가려느냐 내 태중에 너희의 남편 될 아들들이 아직 있느냐(룻 1:11)

이게 무슨 말인가? 히브리어로 '레바르'라고 하는 '수혼 제도'를 알아야 이해할 수 있는 말이다. 형제 중 한 명이 결혼해서 자식이 없이 죽으면 나머지 형제 가운데 한 사람이 고인의 아내와 결혼한다. 당시에는 이 방법이 미망인을 살리는 길이었다. 나오미는 지금 그 이야기를 하고 있는 것이다. 그런데 그걸 아주 매몰차게 이야기한다. 우리 식으로 말하면, "난 더 이상 너에게 줄 아들이 없다. 내게서 무얼 더 원하기에 붙어 있느냐?"라는 것이다. 나오미는 어쩜 이렇게 룻의 마음을 아프게 할까? 관계를 깨드리는 말은 면도날과 같다. 사람 속을 다 뒤집어 놓는다.

> 내 딸들아 되돌아 가라 나는 늙었으니 남편을 두지 못할지라 가령 내가 소망이 있다고 말한다든지 오늘 밤에 남편을 두어 아들들을 낳는다 하더라도 너희가 어찌 그들이 자라기를 기다리겠으며(룻 1:12-13)

무슨 해괴망측한 이야기인가? 며느리가 시어머니에게 다시 시집가서 아들을 낳아달라고 한다는 식으로 이야기한다. 관계를 깨뜨리는 말은 사실에서 출발하는 것 같지만 결국 말하는 사람의 감정이 얹히게 된다. 그리고 뭔가를 자꾸만 첨가하고 확대한다.

이처럼 면도날과 같은 말이 내 입에서 나올 것 같으면 어떻게 해야 할까? 입술을 쥐어뜯는 한이 있더라도, 막아야 할 것이다. 그래도 못 참겠으면 어떻게 해야 할까? 여기에서 기술이 필요하다.

첫 째는 기도를 통해 풀어라! 우리에게는 어떤 하소연도 다 들어주시는 분이 계신다. 말로 실수할지라도 걸러서 들어주시는 분이 있다.

> 그러므로 우리는 긍휼하심을 받고 때를 따라 돕는 은혜를 얻기 위하여 은혜
> 의 보좌 앞에 담대히 나아갈 것이니라(히 4:16)

기도로 하소연하는 것이다. 반면 그 모든 이야기를 다 들은 룻을 보라! 나오미가 계속 표창을 날리고, 밀어낼 때 룻은 어떻게 대처하는가? 위태한 관계 회복을 위해 시어머니에게 선물 공세를 했는가? 맛난 음식으로 관계를 풀었는가? 그녀 역시 '말'로 나아간다.

> 룻이 이르되 내게 어머니를 떠나며 어머니를 따르지 말고 돌아가라 강권하지
> 마옵소서 어머니께서 가시는 곳에 나도 가고 어머니께서 머무시는 곳에서 나
> 도 머물겠나이다 어머니의 백성이 나의 백성이 되고 어머니의 하나님이 나의
> 하나님이 되시리니(룻 1:16)

룻의 말에 나오미의 강퍅한 마음이 녹아내린다. 관계를 깨는 것도 말이지만, 관계를 푸는 것도 역시 말이다.
둘째는 경우에 합당한 말을 하는 것이다.

> 경우에 합당한 말은 아로새긴 은 쟁반에 금 사과니라(잠 25:11)

우리도 룻과 같이 경우에 합당한 말, 입술에 금 사과와 같은 말이 많

이 나올 수 있기를 주의 이름으로 축복한다.

셋째는 때에 맞는 말을 하는 것이다. 어떤 목사님이 119소방대에 가서 신우회 예배 인도를 하게 되었다. 그런데 찬송을 부를 때 참석한 사람들의 표정이 이상했다. 이유는 목사님이 부르자고 한 찬송이 '산마다 불이 탄다 고운 단풍에'였다. 타이밍을 맞출 줄 아는 기술, 때에 맞는 말을 할 줄 아는 기술이 필요하다.

이른 아침에 큰 소리로 자기 이웃을 축복하면 도리어 저주 같이 여기게 되리라(잠27:14)

룻은 참으로 어려운 인간관계를 풀어냈다. 그 결과가 어떻게 되었는가? 룻은 이방 여인이었다. 신명기 말씀대로라면 모압 사람은 여호와의 총회에 들어올 수 없는 부적격자다. 그러나 관계를 풀어낼 줄 아는 능력으로 훗날 보아스를 통해 아들을 낳았다. 그 이름이 오벳이다.

룻이 오벳을 낳아 다윗의 조상이 된 것뿐만 아니라, 인류의 구원자 메시아의 조상이 되었다. 잘 풀어낸 관계에는 이렇게 힘이 있다.

사람을 긍휼히 여길 줄 아는 것, 내 감정을 꺾고 말씀에 복종하겠다는 분명한 의지를 가지는 것, 또 필요하면 적절한 기술을 가지고 하나님이 주신 축복된 인간관계를 풀어내는 하나님의 종들이 될 수 있기를 소망한다.

자녀를 위한 사랑의 기술

아이를 키우면서 행복하게 살던 한 부부가 있었다. 어느 날 유치원에 다니는 어린아이에게 "넌 커서 뭐가 되고 싶니?"라고 물었다. 꼬마 녀석이 당당하게 자기 포부를 밝혔다.

"대통령이요!"

뜻밖의 대답에 흐뭇해서 한 가지를 더 물었다.

"대통령이 되면, 엄마 아빠는 뭐 시켜 줄래?"

아이의 대답은 간단했다.

"자장면이요."

'뭐 시켜 줄래?' 하고 물어보니 늘 시켜 먹던 자장면이 생각나서 자동으로 답이 나왔다. 우리는 대통령이 되겠다고 꿈을 이야기하는 아이에게 얼굴을 들이밀면서 '그러면 엄마 아빠는 뭐 시켜 줄래?'라고 묻는 사람들이다. 왜 그럴까? 아이에게 거는 기대가 남다르기 때문이기도 하지만, 나도 모르는 사이에 보상 심리가 작동하는 것이다.

빈말이라도 "엄마 아빠 내가 뭐 시켜 줄게요!"라고 공수표를 날려 주기 바랐는데, 평소 자주 시켜 먹던 자장면을 말하니까 헛웃음이 터져 나온다. 부모도 그럴 수밖에 없는 것이, 다 사랑해서 한 것이지만, 그동안 쏟아부은 공이 얼마인가? 사교육비는 상상을 초월한다. 대한민국의 교육열은 세계 최고다. 어느 나라 어느 민족도 우리의 교육열을 따라올 수 없다.

자녀 교육을 위해서라면 뭐든 할 각오가 되어 있는 것이 대한민국 부모다. 부부가 생이별하고, 가족이 떨어져 살아도 마다하지 않는다. 세계에 유래를 찾기 힘든 '기러기 아빠'가 이젠 낯설지 않다. 엄마가 아이들 학원비를 벌기 위해 아르바이트를 하는 곳이 우리나라다.

나는 이민 교회를 섬겨 봐서 잘 알지만 요즘 이민은 과거와 많이 달라졌다. 주로 취업 이민이다. 이민 브로커들에게 적게는 3천만 원에서 많게는 5천만 원까지 주고 취업 이민을 온다. 그래서 이들이 일하는 곳은 닭공장이다. 닭은 미국 사람들에게 없어서는 안 될 음식이지만, 닭공장은 3D업종이다. 비린내가 진동하는 공장에서 하루에 12시간 이상 중노동을 한다. 손마디에 관절염이 생기고, 서서 일하기에 다리는 퉁퉁 부어오르고, 오래 지나면 허리에 디스크가 온다.

이들 중에 한국에서 대기업에 다닌 사람들도 많다. 금융 기관에서 중역으로 일한 사람도 있다. 이 땅에서 힘주고 살던 엘리트들이다. 그런데 왜 낯선 땅에서 서러움을 견디며 죽도록 고생할까? 이유는 단 하나, 빨리 영주권 받아 보다 좋은 환경에서 자녀 교육을 시키겠다는 일념이다.

자녀를 위한 부모의 수고와 희생은 가히 눈물겨울 지경이다. 그런데 뭔가 부족함이 느껴진다. 아쉬움이 있다. 그게 무엇인가? 부모의 따뜻한 사랑이다. 그동안 자녀 교육에 쏟아부은 희생과 열정은 그만하면 됐다. 그런데 부족한 것은 부모의 사랑이다. 그럼 부모가 자녀를 사랑하지 않는가? 사랑하지 않는데 어찌 그런 희생과 수고로 자녀를 키우겠는가? 자녀를 사랑하지 않는 부모가 어디 있겠는가? 문제는 사랑의 기술이 없다는 것이다. 자녀를 위한 희생은 가히 노벨상감인데, 자녀를 위한 사랑의 기술은 정말 초보다.

한번은 식당에서 젊은 아빠가 아기를 안고 쩔쩔매는 것을 보았다. 엄마가 잠시 화장실을 간 사이 아이가 울고 보채니까 어떻게 할 줄을 모르고 당황했다. 아이가 배가 고파서 우는 것인지, 졸려서 우는 것인지, 아니면 기저귀에 응가를 해서 우는 것인지……. 아빠가 아이를 달랜다고 솥뚜껑만한 손바닥으로 등을 두드린다. 아이는 아프다고 더 울었다. 아빠가 아이를 사랑하지 않는 것일까? 그것은 사랑이었다. 문제는 사랑의 기술이 없는 것이다. 사랑하는 마음이 있어도 사랑하는 방법을 알아야 온전한 사랑이다. 그래서 사랑도 기술이 필요하다.

또 아비들아 너희 자녀를 노엽게 하지 말고 오직 주의 교훈과 훈계로 양육하라(엡 6:4)

성경은 아비들에게 제발 아이들을 노엽게 하지 말라고 한다. 제멋대로 양육하는 것이 아니라 사랑의 방법을 제대로 알고 주의 교훈과 훈계로 양육하라는 것이다. 미국 워싱턴대학교의 심리학과 존 가트맨 교수도 아이를 위한 사랑의 기술이 따로 있다고 이야기한다.

자녀를 위한 사랑의 기술, 감정은 받아 주어라!

'요구를 다 들어주라'가 아니다. '감정은 다 받아 주어라'이다. "아비들아 너희 자녀를 노엽게 하지 말고"라고 되어 있는데, 이해가 쉽도록 현대인의 성경을 보면 이렇게 풀어놓았다.

"부모들은 자녀의 감정을 건드려 화나게 하지 말고"

자녀들의 감정을 존중하라는 것이다. 즉 감정을 받아 주라는 것이다. 그런데 자녀들의 감정을 받아 주기 전에, 먼저 생각할 것이 있다.

"아이들의 감정을 다 받아 줘도 되는가?"

"버르장머리도 없고, 철딱서니도 없는 아이에게 그래도 되는가?"

"목사님! 아이들의 감정이 잘못된 것, 악한 것이 얼마나 많은데 다 받아 줍니까?"

맞다. 우리 속에 있는 감정이 성령에 이끌린 것이라면 선한 것이겠지만, 육체의 소욕에 의한 것이면 더럽고 추하다. 아이들도 마찬가지다. 그러나 오해하지 말자. 자녀들의 감정을 받아 주라는 것은 그 감정이 옳다는 것이 아니다. 그냥 아이가 느끼는 감정을 함께 느끼라는 것이다. 답답해하면 함께 답답해하고, 아이들 말로 기분이 꿀꿀하면 같이 꿀꿀해하고……. 왜 그래야 하는가? 우린 부모이기 때문이다. 세상 어디에도 받아 주는 이 없을 때, 부모는 마지막 보루가 돼야 한다. 그것은 부모의 의무다.

감정을 받아 주는 첫 번째 방법은 공감이다.

놀이터에서 놀던 초등학생 딸이 집에 들어오면서 이야기한다.

"옆집 언니가 나랑 안 놀아 줘!"

"너 몇 살이니! 그런 것 가지고 아직도 애처럼 칭얼거릴래? 다른 애랑 놀든지, 아니면 얼른 들어와서 숙제나 해!"

그런데 만약 아이와 공감하고 싶은 엄마라면 이렇게 답할 것이다.

"우리 딸, 언니랑 같이 놀고 싶었는데 안 놀아 줘서 속상하구나?"

"응"

"엄마도 참 속상할 것 같은데 어쩌지?"

"하는 수 없죠! 다른 애랑 놀래요."

"다른 애가 없으면?"

"들어와서 숙제할래요."

이 둘의 차이를 알겠는가? 전자의 경우는 칭얼거리는 아이가 되었다. 그리고 그 문제를 어떻게 해결할지 엄마가 다 정하여 주었다.

"다른 애들이랑 놀든지 아니면 숙제나 해!"

후자는 아이의 속상한 마음이 해결되었다. 함께 느껴 주는 엄마 때문에……. 그리고 그 문제를 누가 풀었는가?

"하는 수 없죠! 다른 애랑 놀래요."

그래도 없으면?

"들어와서 숙제할래요."

결과는 똑같지만 후자는 아이 스스로 문제를 풀었다. 시간이 많이 걸리는 것도 아니다. 차이가 있다면 한쪽은 공감과 거리가 먼 엄마고, 다른 한쪽은 공감하려고 애쓰는 엄마다. 누군가 공감만 해줘도, 슬픔은 반이 되고 기쁨은 배가 된다. 아주 놀라운 원리다. 우리가 '공감'이라고 현대적인 언어로 설명해서 그렇지, 이미 주님께서 다 말씀해 놓으셨다.

네 이웃을 네 자신 같이 사랑하라 하셨으니(마 22:39)

네 이웃을 네 자신같이 사랑하려면 반드시 전제될 것이 있다. 같이 느껴야 한다. 공감하고 그대로 인정해야 한다. 그때 신뢰가 자란다. 그 신뢰 속에 가정 천국이 만들어진다. 우리 주님은 "네 이웃을 네 자신같이 사랑하라" 다시 말하면 "공감하라"라고 하셨지만, 이웃까지 가기 전에 자녀들과 먼저 마음을 나눌 수 있는 부모가 되기를 주의 이름으로 축원한다. 이것이 바로 자녀를 사랑하는 기술이다.

감정을 받아 주는 두 번째 방법은 경청이다. 마음을 다해서 들어 주는 경청이 반드시 필요하다. 경청은 단순히 귀로 정보를 수집하는 것을 의미하는 것이 아니다. 경청은 얼굴을 돌리고 쳐다보면서 듣는 것이다. 부부 싸움의 일번지가 어디인가? 내가 말하는데 안 쳐다봐서 화가 나는 게 아닌가? 보지도 않는다는 것이다. 오감을 동원해 무슨 말을 하고 있는지, 이 말을 하는 이유가 뭔지, 이 말 안에 담긴 마음의 소리까지 듣는 것이 경청이다.

우리는 자녀들에게 "너 왜 그렇게 말을 안 듣니?" 하고 윽박지른다. 그런데 사실은 아이가 안 듣는 게 아니라 우리가 안 듣는다. 부모 자식 간에만 그럴까? 부부끼리도 서로 안 듣고 있다. 또한 하나님의 음성도 안 듣고 있다. 꽉 막고 산다. 입을 닫고 귀를 열 수 있기를 바란다. 누군가가 말하기를 "인간이 말하는 것을 배우기까지는 2년이면 족하지만, 듣는 것을 배우기까지는 80년이 걸린다"라고 했다.

> 내 사랑하는 형제들아 너희가 알지니 사람마다 듣기는 속히 하고 말하기는 더디 하며 성내기도 더디 하라(약 1:19)

우리 아이들은 자기 이야기를 들어줄 부모를 찾는다. 비싼 학원에 보내 주는 부모가 아니다. 상한 마음을 함께 느껴 줄 부모가 필요하다. 치열한 경쟁 속에서 힘든 속내를 토해 낼 부모를 찾고 있다. 단순히 한

지붕 아래 살아서 함께하는 부모 말고, 아이들은 감정적으로 함께하는 부모를 간절히 찾고 있다. 공감과 경청으로 우리 자녀들의 감정을 다 받아 주는 부모가 될 수 있기를 바란다. 이것이 바로 자녀들을 위한 사랑의 기술이다.

행동은 잘 고쳐 주어라!

> 아비들아 너희 자녀들을 노엽게 하지 말고 오직 주의 교훈과 훈계로 양육하라(엡 6:4)

하지 말라는 명령이 있고 하라는 명령이 그 다음에 이어진다. 잘 고쳐 가르칠 것을 명령하는 것이다. 여기까지가 자녀들을 위한 온전한 사랑의 기술이다. 감정은 다 받아 주되, 행동은 꼭 고치기 위해 필요한 것이 두 가지 있다. 주의 교훈과 훈계이다. 그런데 교훈과 훈계의 구분이 모호하다. 어떤 한글 번역에 보면 이 순서를 뒤바꾸기도 한다. 어떻게 보면 둘 다 야단치는 것 같다. 교훈! 훈계! 회초리가 연상된다. 한글로는 구분이 어렵지만 영어로 보면 의미가 선명하다. 교훈(in the discipline) 과 훈계(instruction of the Lord).

먼저 뒤에 나오는 '주의 훈계'라고 할 때 쓰는 인스트럭션(instruction)은 가르침이다. 다시 말하면 자녀들의 행동을 고쳐 주되 주의 가르침으로 고치라는 것이다. 내 방식대로가 아니다. 부모의 생각이나 경험도 아니다. 철저하게 주의 가르침대로, 성경대로 양육하라는 것이다.

또 '주의 교훈'이라고 할 때는 디서플린(discipline) 즉 이것은 훈련이다. 훈련은 가르침만 있어서는 되지 않는다. 신병교육대에서 수류탄 투척 훈련을 한다. 교관이 수류탄의 성능과 파괴력을 설명한다. 그리고 수류탄 투척 요령을 가르쳐 준다. 오른손으로 수류탄 클립을 잡고, 왼손으로 안전핀을 뽑고 오른손으로는 전방을 향해 투척한다. 그리고 던진 후에는 참호 안으로 몸을 숨기는 것까지 다 가르쳐 줬다. 그것이 끝이 아니다. 그 다음 순서가 무엇인가? 조교가 매뉴얼 그대로 시범을 보인다. 훈련이라는 것은 가르침으로 끝나는 것이 아니다. 가르친 대로 살아 보이는 시범이 필요하다. 모델이 필요한 것이다. 주의 훈계에서 머물러 있는 부모들이 얼마나 많은지 모른다. 주의 교훈으로 양육한다는 것은 그렇게 살고 있는 부모의 모습을 보여 주어야 하는데 거기까지 가질 못한다.

그러므로 오늘 성경이 말하는 주의 교훈과 훈계로 양육한다는 것은 두 가지다. 정확한 성경의 가르침과 그 가르침대로 살고 있는 부모의 삶으로 양육하라는 것이다. 성경과 삶이다.

우리 인생의 절대 기준인 66권의 성경 말씀으로 자녀를 교육하고 있는가? 아니면 세상 풍월로 가르치는가? 말씀 따라 살려고 노력하는 당신의 삶으로 가르치는가? 아니면 입으로만 가르치는가? 성경과 당신의 삶이 아니고는 자녀들의 행동을 고칠 수 없다. 왜냐하면 아이들은 들은 대로 자라는 것이 아니라 본 대로 자라기 때문이다.

아이들의 진정한 변화를 원한다면 성경 말씀과 말씀에 순종하는 나의 삶밖에는 없다. 주의 말씀에 순종하는 우리의 삶으로 자녀들을 양육하는 부모가 되기를 주님의 이름으로 축복한다.

우리는 지금까지 거꾸로 한 것은 아닌지 돌아보자. 감정은 다 받아 주고 행동은 잘 고쳐 줘야 하는데, 감정은 철저히 무시하고 행동은 받아 줄 때가 많았는지도 모른다. 마음은 상하고, 행동은 엇나간 이 시대의 아이들이 혹시 우리의 집에 있는 것은 아닌가?

다시 한 번 강조하고 싶다. 아이들의 감정은 다 받아 주고, 행동은 잘 고쳐 주는 것이 우리 자녀들을 위한 사랑의 기술이다.

나는 너를 애굽 땅에서 인도하여 낸 여호와 네 하나님이니
네 입을 크게 열라 내가 채우리라 하였으나
〈시 81:10〉

Part 4

마음이 지친
당신에게

자존감

내가 사역하는 경산중앙교회에서는 여름방학이 되면 '3대가 함께하는 금요성령집회'를 드린다. 참석한 아이들과 함께 은혜를 받고 싶어 '부끄럽지 않아'라는 어린이 찬양을 골랐다.

키 작은 것 부끄러운 것 아냐 (아냐-!) 안 예쁜 것 부끄러운 것 아냐 (아냐-!)
가난한 것 부끄러운 것 아냐 (아냐-!) 머리 나쁜 것 부끄러운 것 아냐 (아냐-!)
우리에겐 하나님이 늘 함께하셔 그와 함께 걸어가면 나는 늘 자신 있어
예수님을 모르는 아이는 아무리 생각해도 너무너무 불쌍해
자신만 잘났다고 뻐기다가 펄펄 끓는 유황불에 들어갈까 두려워

찬양을 마치고 아이들이 모여서 이야기하는 것을 들었다.

"어! 키 작은 것, 안 예쁜 것, 가난한 것, 머리 나쁜 것……. 모두 내 이야기예요."

그 이야기를 듣고 나는 우리 아이들이 자기 자신을 그렇게 생각한다는 것에 깜짝 놀랐다. 그런 이야기를 하는 주인공들은 자신 있게 앞에 나와 찬양하고 율동하는 아이들이었다. 낮은 자존감을 가지고 사는 것은 아이들뿐이 아니었다. 어른들은 시치미를 떼고 있어 그렇지 사실은 우리 모두의 이야기다.

심리학자 맥스웰 몰츠(Maxwell Maltz)는 현대인의 95%가 열등감의 희생양이라고 말했다. 누구도 열등감에서 자유롭지 못하다는 이야기다.

2014년 6월, 최전방 지오피(GOP)에서 총기 난사로 동료 5명을 숨지게 한 임모 병장 사건을 기억하는가? 그 사건으로 말미암아 전 국민이 새롭게 알게 된 군대 용어가 있다. 바로 관심 사병이다. 특별한 관리와 보호가 필요한 병사라는 뜻이다. 전체 병사의 20%가 관심 사병으로 분류되는 실정이다. 이 중 A급이 전체의 3.6%로 1만 7천 명이나 된다. 군대 전체가 낮은 자존감으로 허덕이는 환자로 가득한 상황이다. 그런데 더 큰 문제는 이제 관심 사병을 넘어서서 관심 장교도 연간 200명이 넘게 나와 전역 조치가 되고 있다. 몸과 마음이 건강한 젊은이들이 사라지고 있다.

이러한 사회적 문제를 풀어낼 수 있는 공동체가 어디라고 생각하는가? 건강한 자아상, 건강한 자존감을 길러 어떤 외부의 충격이 와도 거뜬히 이겨낼 수 있도록 해주는 곳이 바로 가정과 교회다. 건강한 자존감을 길러 줄 수 있는 기관이 이 땅에 있다면, 그것은 하나님이 세우신 공동체인 가정과 교회다.

몽골힐링캠프를 갔을 때 일이다. 첫날 몽골 테를지 우리교회 캠프사이트에 도착해서 개회 예배를 드릴 때였다. 캠프 첫날이니까 가족 간에 서로를 알 수 있는 시간을 가지면 좋겠다는 생각이 들었다. 가족 단위로 모여 앉아 지금까지 살면서 하나님이 특별히 은혜 주셨던 찬양을 나누도록 했다. 나도 가족이 있는 테이블로 들어갔다. 그런데 우리 아이가 머뭇머뭇하다가 '당신은 소중한 사람'이라고 답했다. 그 이유는 자신에게 짜증날 때마다 위로가 된다는 것이었다. 스스로 잘하는 것이 하나 없고, 학교에서 친구에게 따돌림당할 때도 있고, 그래서 자신이 싫고 짜증날 때 '당신은 소중한 사람'을 부르면 예수님이 나를 그렇게 부르는 것 같아서 너무 좋다고 했다. 나는 우리 아이가 자존감이 낮다는 것을 꿈에도 몰랐다. 밝고 건강하게 잘 자라는 줄로만 알았다. 그런데 자기 자신이 싫고 짜증날 때가 많다는 것을 알고 정말 놀랐다. 이것이 목사 가정의 솔직한 고백이다. 당신의 가정은 괜찮다고 자신 있게 말할 수 있는가? 아이들의 이야기를, 가족들의 이야기를 진지하게 들어본 적이 있는가? 그러면 교회는 어떠한가? 교회에서 얼마나 높은 자존감의 표현들을 사용하는가?

"너는 그리스도의 편지라, 너는 축복의 통로라, 하나님은 너를 지키시는 자라"

여러 찬양과 미사여구로 서로를 축복하지만 그것이 아이들의 마음 속으로는 와 닿지 않았던 것이다. 그래서 누군가가 노래를 불러 주고, 손 내밀어 축복하면, 마음이 따뜻해지고 감동의 눈물이 난다. 그러나 돌아서면 '나는 아니야!'라고 생각한다.

자존감은 단편적인 감정이 아니다. 오히려 이성적인 판단에 가깝다. 피터 와그너(Peter Wagner) 박사는 자존감이 세 가지로 구성된 복합적인 자아 존중이라고 했다. 첫 번째가 소속감, 두 번째가 가치감, 그리고 마지막으로 자신감이다. 감정적으로 한 번 좋아졌다고 해서 자존감이 쑥 올라가는 것이 아니다. 성적이 한 번 올라갔다고, 넓은 아파트로 이사했다고 해서 자존감도 쑥 올라가지 않는다. 차분히 하나님 말씀 앞에 나 자신을 비춰 보아야 한다. 그래서 우리의 소속이 어디인지, 우리의 가치가 어느 정도인지, 우리가 어디까지 자신감을 가져도 되는지 정확하게 깨닫는 축복의 시간이 될 수 있기를 바란다.

우리의 소속감

소속감은 내가 누구에게 속해 있고, 누군가로부터 사랑과 돌봄을 받고 있는가 정확한 인식을 하는 것이다. 성경에서는 우리의 소속이 어디라고 말하는가?

그러나 너희는 택하신 족속이요 왕 같은 제사장들이요 거룩한 나라요 그의
소유가 된 백성이니(벧전 2:9)

너희가 전에는 백성이 아니더니 이제는 하나님의 백성이요 전에는 긍휼을 얻
지 못하였더니 이제는 긍휼을 얻은 자니라(벧전 2:10)

전에는 우리도 다 그 가운데서 우리 육체의 욕심을 따라 지내며 육체와 마음
의 원하는 것을 하여 다른 이들과 같이 본질상 진노의 자녀이었더니(엡 2:3)

우리가 전에는 하나님의 백성이 아니었다. 여기에는 반론할 여지가
없다. 그러면 언제 하나님의 백성으로 소속될 자격을 얻었는가? 태어
날 때부터 지금까지 기특한 점이 하나라도 있었는가? 우리는 원래 싹
이 노란 사람들이다. 그런데 '이제는' 하나님의 백성이라고 말한다. 전
에는 긍휼을 얻지 못하던 자인데, 이제는 긍휼을 얻은 자라고 한다. 그
러면 도대체 전과 이제의 경계가 무엇이란 말인가?

보라 내가 택한 보배로운 모퉁잇돌을 시온에 두노니 그를 믿는 자는 부끄러
움을 당하지 아니하리라 하였으니(벧전 2:6)

'내기 택한 보배로운 모퉁잇돌을 시온에 두었다'라고 싱경은 말한
다. 이제 '그를 믿는 자는 부끄러움을 당하지 않는다'라고 하였으므
로 예수 그리스도를 구주로 믿는 믿음이 그 경계다. 당신은 예수 그리
스도를 구주로 믿는가? 진짜 믿는가? 그래서 전에는 백성이 아니었지

만 이제는 백성이 된 사람이 맞는가? 이게 정확하게 확인되지 않으면, 자존감을 키우는 것이 아니라, 자존심만 키울 가능성이 높다. 자존감은 자기 자신을 존중하는 힘이다. 그래서 누가 뭐래도 흔들리지 않는다. 어떤 시련과 도전에도 무너지지 않고 스스로 일어설 수 있는 힘이다. 그러나 자존심은 열등감의 또 다른 표현이다. 하나님의 자녀인 것에 대해서 자신이 없는 사람은 늘 자존심으로 날이 시퍼렇게 서 있다. 반면에 하나님의 자녀로 소속이 분명한 사람은 마음은 힘들지 모르지만, 열등감에 빠지지는 않는다.

우리의 가치

자신이 얼마나 가치 있고 소중한 존재인지 아는가?

> 너희는 택하신 족속이요 왕 같은 제사장들이요 거룩한 나라요 그의 소유가 된 백성이니(벧전 2:9)

우리는 택한 백성이고 왕 같은 제사장이다. 제사장이 뭐 하는 사람인가? 하나님과 그의 백성들을 중보 하는 사람이다. 이스라엘 백성들은 하나님을 만나기 원해도 함부로 나아갈 수 없었다. 만나지 못할 뿐만 아니라, 교만하게 나아갔다가는 즉사하기도 했다. 반드시 제사장을 통해서만 가능했다. 그런데 구약에는 거룩하게 구별된 레위 지파만이 제사장이 될 수 있었다. 그런데 신약에는 예수 그리스도를 구세주로 고백하는 모든 자들이 제사장이 되었다. 그런데 더 주목할 것은 그냥 제사장이 아니라 '왕 같은 제사장'이라는 말이다. 우리의 왕 되신 예수 그리스도와 연합된 자로서 함께 왕 노릇하는 놀라운 특권이다.

세상에 믿지 않는 사람들은 누구를 통해 하나님을 만나게 될까? 누구를 통해 구원의 길을 소개받을까? 먼저 믿은 우리들, 우리를 통해 예수 그리스도가 전해져 그들이 하나님을 만나게 되고, 구원의 주를 붙들게 된다. 이 특권을 우리에게 주셨다는 사실을 믿을 수 있기 바란다. 성경은 우리의 가치를 연봉으로 따지지 않는다. 외모 순으로 매기지도 않는다. 왜 그럴까?

너희는 택하신 족속이요 왕 같은 제사장들이요 거룩한 나라요(벧전 2:9)

우리는 '거룩한 나라다!' 거룩하다는 말은 '구별되어져 있다'라는 것이다. 구별되어 하나님께 드려진 가치 있는 존재다. 구별되어 세상과는 차원이 다른 존재다.

미운 오리 새끼 이야기를 아는가? 어쩌다가 오리 틈새에서 백조 새끼가 자라게 된다. 오리 새끼들은 키가 작고 털에 기름이 흐르고 아주 다부지게 생겼다. 그러나 백조 새끼는 멋없이 껑충하고 털은 까칠까칠해 생김새가 볼품이 없다. 그래서 오리 새끼들은 백조 새끼를 왕따

시키고 조롱한다. 왜 그런 것일까? 백조는 오리가 아니기에, 전혀 다른 존재이기 때문이다. 그러던 어느 날 하늘에서 백조 떼가 호숫가로 사뿐히 내려앉았다. 하얀 털과 날씬한 몸매, 멋지게 내려앉은 자태가 너무나 아름답다. 순간 그 모습을 보고 새끼 백조는 자신이 초라해서 눈물을 흘리고 만다. 자기도 조금 더 자라면 그렇게 하늘을 나는 백조가 되는 줄도 모르고 말이다. 자신의 가치를 알지 못하는 것이다.

우리는 오리가 아니다. 백조다. 아직 날개를 다 펴지 못했을 뿐이다. 오리와 백조는 비교 대상이 아니다. 땅에 속한 사람과 하늘에 속한 사람은 다르다. 그 격조와 위상이 다르다. 세상이 우리를 함부로 대하고, 가볍게 취급하는 것은 막을 수 없을지 모른다. 그러나 나 자신을 함부로 하지 말자. 우리는 왕 같은 제사장이요! 거룩한 나라다. 그 가치를 가지고 이 땅에 태어났다.

우리의 자신감

어떤 상황에서도 자신의 능력을 신뢰하며, 할 수 있다는 자신감이 필요하다. 그렇다면 우리는 어디까지 자신감을 가져도 될까?

> 너희를 어두운 데서 불러 내어 그의 기이한 빛에 들어가게 하신 이의 아름다운 덕을 선포하게 하려 하심이라(벧전 2:9)

하나님은 우리를 영혼 구원의 도구로 삼으셨다. 이건 어떤 의미에서 부담이고 사명이지만, 분명한 자신감의 근거이기도 하다. 우리가 스스로를 못 믿어서 그렇지 하나님은 우리를 믿고 그 일을 맡겨 주셨다. 우리가 순종하지 않아서 그렇지, 하나님은 우리를 신뢰하고 이 위대한 사명을 주셨다. 이런 자신감이 있는 교사가 어린 영혼들을 살린다. 이런 자신감이 있는 교역자가 부서에서 부흥의 불길을 일으킨다. 이런 자신감이 있는 하나님의 백성이 이 땅에 하나님의 나라를 확장시킨다.

자존감이라는 것이 뭔지 제대로 보여 준 링컨의 유명한 일화가 있다. 링컨이 대통령에 당선되어 상원 의원들 앞에서 취임 연설을 할 때였다. 대부분의 상원 의원은 신발 만드는 집안에서 태어나 제대로 학교도 다니지 못한 링컨을 대통령으로 모시는 게 못마땅했다. 그래서 취임 연설을 할 때 거만해 보이는 한 상원 의원이 일어나 링컨을 향해 말했다.

"당신이 대통령이 되다니 정말 놀랍소. 그러나 당신의 아버지가 신발 만드는 사람이라는 사실을 잊지 마시오. 가끔 당신의 아버지가 우리 집에 신발을 만들기 위해 찾아오곤 했었지. 이 신발도 바로 당신 아버지가 만든 것이오."

여기저기서 킥킥거리며 비웃는 소리가 새어 나왔다. 훤칠한 키의 링컨은 조용히 서서 조금도 흔들리지 않았다. 그런데 이내 곧 두 눈에 눈물이 가득 고였다. 그리고 부드럽지만 단호한 목소리로 말문을 열었다.

"고맙습니다. 의원님. 한동안 잊고 있던 내 아버지의 얼굴이 기억났습니다. 내 아버지는 신발 만드는 솜씨가 대단한 분이셨습니다. 나는 아버지를 능가할 수 없었습니다. 다만 아버지의 위대함을 따라잡으려 노력할 뿐이었습니다. 나의 아버지는 많은 귀족들의 신발을 만드셨습니다. 여기 이 자리에 모인 분들 중엔 내 아버지가 만드신 신발을 신은 분들도 계실 겁니다. 만약 신발이 불편하다면 제게 말씀해 주십시오. 아버지의 기술을 옆에서 보고 배웠기에 조금은 손봐 드릴 수 있습니다. 나는 아버지의 아들입니다. 내 아버지가 만드신 신발을 최선을 다해 고쳐 드리겠습니다. 물론 제 솜씨는 돌아가신 아버지에 비교할 수 없습니다만."

링컨은 '나는 아버지의 아들입니다'라는 소속을 분명히 했다. 물론 링컨은 아버지가 부끄럽지 않았을 것이다. 그러나 우리에게는 하나님 아버지가 계신다. 우리는 그분의 소유된 백성이다. 우리의 가치는 왕 같은 제사장이다. 우리는 능력도 있다. 자신감을 가져도 된다. 하나님이 죽어 가는 영혼을 맡길 정도로 우리는 능력 있는 사람들이다.

이 사실은 한 순간의 감정이 아니라, 누군가가 나에게 불러 주는 감미로운 노래가 아니라, 누군가가 우리를 향해서 큰소리치는 슬로건이 아니라, 하나님의 말씀이기에 가슴 깊이 꼭 새길 수 있기를 주의 이름으로 축복한다.

돌파구가 필요합니까?

예수님을 무척이나 사랑하는 며느리와 그 며느리를 사랑스러운 눈으로 바라보는 시어머니가 있었다. 시어머니는 예수 믿는 며느리가 집안에 들어와 분위기도 밝아지고 가족이 화목해지는 게 좋아서 은연중에 '나도 교회 나가볼까!'라고 생각하고 있었다. 언제 따라나설까 기회만 엿보던 어느 날 교회에서 심방을 왔다. 시어머니는 이때다 싶어서 이참에 목사님께 인사를 드리고, 자연스럽게 교회에 가리라 마음먹었다. 그런데 예배를 드리는 자리에 함께 참여한 시어머니의 표정이 점점 어두워졌다. 손님이 간 뒤, 며느리가 불안한 마음으로 조심스럽게 물었다.

"어머니, 어디 불편하세요?"

"불편하지, 모여서 시어머니 험담하는 게 잘하는 짓이냐?"

"제가 언제 그랬어요? 어머니."

"아까 분명히 목사님이 부르고 싶은 찬송이 뭐냐고 너에게 물었더니, 대뜸 부르자고 한 찬송이 그게 뭐냐? 니가 분명히 시에밀 이겨 물리치라매, 시에밀 이겨 새 힘을 얻는다매, 너 참 맹랑하더라!"

'너 시험을 당해' 찬양은 시어머니에게 이렇게 들렸다.

"너 시에밀 당해 범죄치 말고 너 시에밀 이겨 늘 물리쳐라. 너 시에밀 이겨 새 힘을 얻고."

이렇듯 우리의 삶은 크고 작은 시험거리로 둘러싸여 있다. 시험과 관련해 독일의 철학자 칼 야스퍼스(Karl Jaspers)는 '한계 상황'이라는 말을 했다. 인간에게 시시각각으로 다가오는 상황들 가운데는 우리 힘으로는 도저히 어떻게 할 수 없는 것들이 있다. 예를 들면 심각한 질병, 갑작스런 죽음, 경제적인 압박 등 이런 '한계 상황'을 만나면 우리는 깊은 절망과 슬픔을 경험하게 된다.

최근 뉴스를 통해 이런 한계 상황에서 헤어나지 못한 안타까운 사연들을 자주 접한다. 서울시 송파구 지하 주택에 살면서 집세나 공과금을 한 번도 밀린 적 없이 살던 세 모녀가 스스로 목숨을 끊었다. 그 방은 사람 셋이 누우면 딱 맞을 정도의 비좁은 곳이었다. 남편은 12년 전에 방광암으로 숨졌고, 그 뒤 세 모녀가 이곳에 와서 살았다. 유서에는 '마지막 집세와 공과금입니다. 정말 죄송합니다'라는 글이 남겨 있었다.

또 얼마 전에는 13년간 동네 빵집을 운영하던 사십 대 남성이 스스로 목숨을 끊었다. 처음에는 제과점이 잘됐다. 그런데 주변에 대형 빵집으로 손님이 몰리면서 매출이 점점 줄어 빵을 구울수록 적자가 되었다. 생활고를 이기려고 아내도 식당 종업원으로 일하며 남편을 도왔다. 하지만 늘어가는 빚을 감당할 길이 보이지 않자 인생을 포기해 버렸다.

또 부산에 살던 삼십 대 여성이 자신의 집에서 숨진 채 7개월 만에 발견되었다. 취업을 못해 사회적으로 단절된 상태에서, 경제적인 어려움까지 겹쳤다. 이 여인의 사망 원인은 아사였다. 굶어 죽은 것이다. 어떻게 이런 일이 대한민국에서 가능할까 싶을 정도다. 일자리가 없어서 주부들이 술집이나 노래방에 도우미로 나섰다가 돌아올 수 없는 성매매의 강을 건너기도 한다. 젊은이들이 푸른 꿈을 펼치기도 전에, 취업을 걱정하며 스펙을 쌓다가 지쳐 가는 한계 상황이다.

당신도 돌파구가 필요하다고 생각하는가? 열왕기하에 나오는 여인도 한계 상황을 만났다. 1절에 이 여인이 엘리사에게 와서 하소연하는 것을 보면, 얼마나 답답한 상황인지 금방 알 수 있다.

> 선지자의 제자들의 아내 중의 한 여인이 엘리사에게 부르짖어 이르되 당신의 종 나의 남편이 이미 죽었는데 당신의 종이 여호와를 경외한 줄은 당신이 아시는 바니이다 이제 빚 준 사람이 와서 나의 두 아이를 데려가 그의 종을 삼고자 하나이다 하니(왕하 4:1)

피눈물을 쏟을 수밖에 없는 상황이다. 선지자의 제자라고 하는 것을 봐서는 엘리사에게 하나님의 말씀을 공부하던 신학생 중에 한 사람인 것이다. 그런데 갑자기 죽었다. 졸지에 남편을 잃은 부인이 엘리사 앞에 달려와서 울부짖는다.

"선생님의 제자였던 제 남편이 죽었습니다. 하나님을 경외하던 사람인데 죽었습니다. 그리고 이젠 두 아들도 빚쟁이에게 내줘야 할 판입니다. 어쩌면 좋겠습니까?"

이 여인에게는 세 가지 아픔이 있다. 첫째는 사랑하는 사람을 갑자기 잃어버린 상실감이다. 또 하나는 주님만을 위해 살아온 종인데, 왜 하나님이 그토록 빨리 데려가셨는지에 대한 의문이다. 마지막으로 빚쟁이들이 두 아이들을 노예로 데려가겠다고 해도, 어미로서 어떤 능력도 없다는 사실이다. 정말로 한계 상황인 것이다.

돌파구가 필요한 게 이 여인뿐인가? 우리 중에 사방을 둘러봐도 답답하고 힘든 일만 가득한 사람들이 있다. 이 시점에서 우리가 반드시 인정해야 할 것은 사람은 한계 상황을 뚫지 못한다는 사실이다. 사람은 기적을 만들어 내지 못한다. 돌파구를 만드는 기적은 하나님만이 하실 수 있다.

사람이 기적을 만들 수는 없지만 대신 그 일에 수종할 수는 있다. 하나님은 언제나 인생의 돌파구를 뚫는 기적을 일으키실 때, 우리를 동역자로 사용하시기 때문이다. 이 신앙의 원리를 깨달아서, 한계 상황에서 돌파구를 뚫는 하나님의 조력자, 하나님의 동역자로 쓰임받는 우리가 되기를 소망한다.

한계 상황이 기적을 만든다

여인은 남편의 스승이었던 엘리사에게 와서 모든 상황을 쏟아 놓고 하소연한다. 그 이야기를 다 들은 엘리사가 뭐라고 하는가?

> 엘리사가 그에게 이르되 내가 너를 위하여 어떻게 하랴(왕하 4:2)

"내가 너를 위하여 어떻게 하랴?" 나는 이것이 엘리사가 미망인이 된 여인에게만 하는 말로 들리지 않는다. 이건 한계 상황을 맞이한 성도들을 향한 하나님 아버지의 마음이기도 하다. '내가 너를 위하여 어떻게 하랴' 하나님은 곧잘 인생의 막다른 골목에서 기적을 베푸신다. 사람들이 자신의 힘으로 살겠다고 기고만장할 때, 하나님은 잠잠하다. 어떤 역사도 어떤 말씀도 하시지 않는다.

근대사 가운데 하나님이 침묵하는 시점을 꼽으라면, 나는 1859년을 꼽는다. 그해에는 하나님의 등을 돌려세울 만한 책이 무려 세 권이나 출간되었다. 그 중에 누구나 다 아는 찰스 다윈(Charles Darwin)의 《종의 기원》은 자연 과학의 크나큰 변화와 발전을 가져온 책이지만, 이 책으로 말미암아 사람들은 하나님의 창조를 떠나 동물에서 진화

되었다는 생각을 가지게 되었다. 하나님을 창조주의 자리에서 끌어내렸다. 이 책은 사람들의 관심을 하나님이 아닌 인간으로 돌려놓았다. 그리고 하나님을 밀어냈다. 신은 인간의 허구적 창조물에 불과하고, 인간들이 한계를 초월하기 위해 투사해 놓은 것이라고 했다. 하나님 중심이 아니라, 인간 중심으로, 그러면서 사람이 희망이라고 말하게 했다. 그러면서 사람들이 높아졌다. 교만이 머리끝까지 차 하나님을 멀리함과 동시에 인생에 돌파구를 뚫어 주시는 하나님의 기적도 밀어냈다.

출애굽한 이스라엘 백성들 앞에 홍해가 갈라진 게 언제인가? 인간적인 모든 것들을 포기하는 순간이었다. 어쩌면 한계 상황은 참 힘들고 어렵지만, 우리의 교만을 내려놓고 돌파구를 허락하시는 하나님을 모셔드리는 절호의 기회다.

예수님의 공생애 첫 번째 기적은 가나 혼인 잔칫집에서 물이 포도주가 된 사건이다. 그때도 물이 변하여 포도주가 되는 기적이 언제 일어났는가?

> 포도주가 떨어진지라 예수의 어머니가 예수에게 이르되 저들에게 포도주가 없다 하니(요 2:3)

포도주가 떨어졌을 때다. 어떤 의미에서 위기가 없으면 기적도 없다. 한계 상황을 만났다고 생각하는가? 지금 인생의 위기를 겪고 있는가? 그것은 기회다. 그토록 기고만장했던 우리의 교만을 버리고, 하나님 앞에 엎드릴 수 있는 기회다.

그러므로 이제는 문제와 위기를 바라보는 우리의 시각이 달라져야한다. 많은 사람들이 한계 상황에서 모진 결정을 한다. 인생을 포기한다. 그러나 한계 상황이 기적을 만든다는 것을 깨달으면 어떻게 될까? 시각이 달라진다. 자살을 뒤집어 생각하면 뭐가 되는가? 살자! 죽을 것 같은 상황인데, 살 소망이 생긴다. 하나님 앞에 엎드려 겸손하게 무릎 꿇으면 하나님은 말씀하신다.

"내가 너를 위하여 어떻게 하랴!"

기적의 불씨가 필요하다

참으로 암담한 상황을 이야기하는 여인에게 선지자 엘리사는 "내가 너를 위하여 어떻게 하랴!" 하고 물은 뒤 곧바로 어떤 조치를 취하지 않는다. 또 묻는다. 여인에게 아직도 남은 것을 찾게 하신다.

> 엘리사가 그에게 이르되 내가 너를 위하여 어떻게 하랴 네 집에 무엇이 있는지 내게 말하라 그가 이르되 계집종의 집에 기름 한 그릇 외에는 아무것도 없나이다 하니(왕하 4:2)

남편, 돈, 소망……. 아무것도 없다고 생각하는 여인에게 그래도 남은 것이 뭔지 찾게 하신다. 하나님이 우리에게 돌파구를 주실 때, 모든 것을 잃었다고 생각하는 우리에게 반드시 먼저 찾게 하는 것이 있다. 그것은 우리 손에 남은 것이 무엇인지 스스로 보게 하신다. 이스라엘을 바로의 손에서 구원하기 위해 모세를 부르실 때도 동일하게 물으셨다.

> 여호와께서 그에게 이르시되 네 손에 있는 것이 무엇이냐 그가 이르되 지팡이니이다(출 4:2)

우리에게 없는 것 때문에 한숨지으면 소중한 것을 보지 못한다. 그러나 하나님은 그것을 찾도록 하신다. 모세에게는 무엇이 있었는가?

> 너는 이 지팡이를 손에 잡고 이것으로 이적을 행할지니라(출 4:17)

> 모세가 하나님의 지팡이를 손에 잡았더라(출 4:20)

원래는 모세의 지팡이지만 이제는 하나님의 지팡이가 되었다. 예수님은 벳세다 광야에서 군중을 먹이기 위해 어린아이가 가져온 물고기 두 마리와 떡 다섯 개가 드려질 때까지 기다리셨다. 사실은 찾아내기를 기다렸다고 말하는 것이 더 옳을 것이다. 당신이 찾아내야 할 기적의 불씨는 무엇인가?

엘리사를 찾아온 여인도 찾아낸 것이 있었다. '집에 있는 기름 한 그 릇'이었다. 비록 작은 기름 한 병이지만, 그 한 병의 기름에서 그치지 않고 계속 흘러나온다. 이 작은 것이 기적의 불씨가 되어서 온 가족을 살리게 되었다. '없는 것'에 집중하지 말고 있는 것, 남겨진 것에서 기 적의 불씨가 일어난다는 것을 믿기 바란다.

우리처럼 '없는 것'에 집착했던 한 여학생이 있었다. 열여덟 살 때, 그녀는 어머니를 잃고 사는 것에 회의를 느껴 달리는 기차에 몸을 던 졌다. 그 결과 사지 중에 손가락 세 개만 남은 오른팔만 있었다. 손발 이 없었고, 살 기력과 희망도 없었던 그녀는 극도의 절망에 빠져 수면 제를 모아 완벽한 자살을 준비했다. 그러던 어느 날, 타하라 아키토시 란 신학생의 병원 전도를 받고 성경을 읽다가 이런 말씀을 봤다.

> 그런즉 누구든지 그리스도 안에 있으면 새로운 피조물이라 이전 것은 지나갔 으니 보라 새 것이 되었도다(고후 5:17)

이 말씀을 보는 순간, 그녀는 자신의 오른팔에 무려 손가락이 세 개 나 붙어 있다는 사실을 깨닫게 되었다. 그때부터 그녀는 없는 것에 집 착하지 않고 있는 것에 감사하며 살았다. 점점 내면이 아름다워졌고 그에 반해 한 남자가 청혼했다. 바로 그녀를 전도했던 타하라였다. 결 국 둘은 가정을 이루고 두 딸을 낳아 지금도 행복하게 산다. 그녀가 바로 《산다는 것이 황홀하다》라는 책의 저자 다하라 요네꼬이다.

그 책에 보면 '감자와의 전쟁'이라는 토막 이야기가 있다. 그녀가 음식 준비를 위해 감자 껍질을 벗기려는데 손가락 세 개만 남은 오른팔을 비웃듯 감자가 손을 벗어났다. 그녀는 필사적으로 식칼을 들고 감자를 따라다녔지만 감자의 비웃음은 계속되었다. 무서운 절망감 때문에 그녀는 식칼로 자신을 찌르고 싶은 충동까지 느꼈다. 그때 그녀는 마음을 가다듬고 기도했다.

"저 같은 사람에게 남편과 자녀를 주신 사랑의 하나님! 사랑하는 남편과 자녀를 위해 감자 요리를 하게 도와주세요."

곧 기발한 생각이 떠올랐다. 감자를 도마 위에 올려놓고 식칼로 반을 잘랐다. 그때부터 도망만 다니던 감자는 순한 양처럼 얌전히 한 곳에 정지된 채 있었다. 그래서 감자껍질을 위부터 살살 벗겨 맛있는 감자 요리를 해서 온 가족이 풍성한 식탁을 나누었다. 그녀는 우리에게 이렇게 이야기한다.

"힘내세요. 하나님은 저 같은 장애인도 사랑합니다. 당신이 귀한 것을 잃었지만 그래도 남은 것이 있습니다. 당신 자신은 여전히 존재하기 때문입니다. 당신이 하나님의 목적을 따라 살면 삶은 여전히 황홀한 것입니다."

아무것도 없다고 낙심하지 말기 바란다. 아직도 남아 있는 것을 헤아려 볼 수 있는 눈이 열리기를 소망한다. 저 구석에 둔 것을 찾아서 나도 살리고 남도 살릴 수 있기를 기도한다.

젊음이 있는가? 젊다는 것은 무엇과도 바꿀 수 없는 엄청난 자산이다. 건강이 있는가? 다시 시작할 수 있는 조건을 갖췄다. 가족이 있는가? 세상이 다 등을 돌려도 당신은 절대 외롭지 않다. 뭐니 뭐니 해도 우리에게는 신앙이 있지 않은가? 비록 우리에게 은과 금은 없어도 그리스도가 계신 줄 믿는다. 베드로와 요한이 성전 미문의 앉은뱅이를 어떻게 일으키는지를 주목하자.

> 베드로가 이르되 은과 금은 내게 없거니와 내게 있는 이것을 네게 주노니 나사렛 예수 그리스도의 이름으로 일어나 걸으라 하고(행 3:6)

우리에게 없는 것 때문에 주눅 들지 말고, 아직 내게 남겨진 기적의 불씨를 찾아내는 우리가 되기를 주의 이름으로 축원한다.

그릇을 준비해야 한다

엘리사가 "네 집에 무엇이 있느냐?"라고 물으면서, 기적의 불씨를 찾도록 했다. "기름 한 그릇이 있습니다" 하고 답했더니 엘리사가 뭐라고 하는가?

> 이르되 너는 밖에 나가서 모든 이웃에게 그릇을 빌리라 빈 그릇을 빌리되 조

금 빌리지 말고(왕하 4:3)

기적은 전적으로 하나님의 일이지만, 하나님의 기적을 담을 그릇은 누가 준비해야 하는가? 내가 준비해야 한다. 그래서 엘리사도 그릇을 준비하라고 한다. 그런데 엘리사가 주의 사항을 준다. "조금 빌리지 말고" 왜 이런 주문을 하는 걸까?

> 그릇에 다 찬지라 여인이 아들에게 이르되 또 그릇을 내게로 가져오라 하니 아들이 이르되 다른 그릇이 없나이다 하니 기름이 곧 그쳤더라(왕하 4:6)

여인은 동네를 다니면서 그릇을 빌렸다. 빌린 그릇에 원래 가지고 있던 기름을 부었다. 기름을 붓는데 이것이 그치질 않는다. 빌려온 그릇까지 가득 차고 넘친다. 다시 말하면 쌀독에 쌀이 비지가 않는다. 그런데 이게 언제 그쳤는가? 더 이상 그릇이 없을 때다. 항상 하나님의 기적은 준비한 만큼, 빌려 온 그릇만큼 채워진다는 사실을 기억하자. 그래서 그릇을 빌리되, '조금 빌리지 말고'라고 주의 사항을 준 것이다.

하나님은 우리에게도 주의 사항을 주신다. 준비하되 많이, 큰 그릇으로 준비하라고 하신다. 우리의 삶에 돌파구가 뚫리지 않는 것은, 하나님의 능력이 모자라서가 아니다. 우리가 준비한 믿음의 그릇이 작아서다. 하나님의 기적을 담을 만한 큰 그릇을 준비하기 바란다.

나는 너를 애굽 땅에서 인도하여 낸 여호와 네 하나님이니 네 입을 크게 열라 내가 채우리라 하였으나(시 81:10)

남편이 죽고 아들까지 종으로 팔려갈 판인데, 그런 집에서 그릇을 빌리는 것이 쉬웠을까? 요즘처럼 그릇이 흔한 시대가 아니다. 그릇 하나가 가정의 보배였다. 이 여인이 왜 그릇을 빌리는지, 다시 돌려받을 수 있을지 의심받았을 것이다. 그럼에도 불구하고 그릇을 빌려 오라는 말씀에 여인은 순종했다. 믿음으로 나아갔다. 하나님이 우리에게 보는 것은 이것이다.

하나님은 우리에게 기름을 만들라고 하지 않는다. 그냥 순종하여 그릇을 준비하라고 하신다. 믿음으로 준비라고 하신다. 하나님이 하실 일이 있고, 우리가 할 일이 있다. 하나님 앞에 당신의 믿음을 보일 수 있기를 바란다. 크게 입을 열어 기도하는 당신이 되기를 소망한다.

그 여인이 하나님의 사람에게 나아가서 말하니 그가 이르되 너는 가서 기름을 팔아 빚을 갚고 남은 것으로 너와 네 두 아들이 생활하라 하였더라 (왕하 4:7)

여인이 순종함으로 빚 갚는 것을 넘어 풍성한 삶을 얻었다. 2014년 6월을 기준으로 우리나라 가계 부채가 1,000조를 넘었다고 한다. 국민 한 사람이 진 빚이 평균 2천만 원에 달하는 셈이다. 자산이나 소득에 비해, 빚이 늘어나는 속도가 훨씬 빠르다. 그래서 '개인 가처분 소득 대비 가계 부채 비율'이 2004년 103%에서 2014년에는 137%로 증가했다. 한계 상황인 것이다.

월트 디즈니는 아이디어가 부족하다는 이유로 신문사 편집장에게 해고를 당했다. 《전쟁과 평화》의 작가 톨스토이는 대학생 시절 성적 불량으로 퇴학을 맞았다. 농구 천재로 불렸던 마이클 조던도 대학 입단 시험에 탈락하여 후보 선수로 시작했다. 링컨은 미국 대통령으로 선출되기 전에 각종 선거에서 6번이나 낙선을 경험했다. 모두 한계 상황을 만났다.

지금 내 삶에 돌파구가 필요하다고 생각하는가? 그동안 교만했던 우리가 하나님 앞에 돌아와 무릎 꿇을 수 있는 기회임을 깨닫기 바란다. 그러면 돌파구가 생기기 시작할 것이다.

하나님은 우리에게 물으신다. '너에게 무엇이 있느냐?' 우리는 늘 아무것도 없다고 생각한다. 그런데 하나님은 적어도 너 자신은 있지 않느냐고 하신다. 은과 금은 없지만 여호와 하나님은 살아서 너에게 있지 않느냐고 하신다.

그리고 요구하신다. 그릇을 준비하라! 믿음의 그릇, 기도의 그릇을 준비할 때 기적을 베풀어 주실 것이다.

쓰러진 꿈을 다시 세워라

나는 몇 년 전까지 꿈을 위해 기도하면 늘 잠실종합운동장을 그리곤 했다. 1995년, 그곳에서 '95 세계 선교 대회'가 열렸다. 개신교의 유엔 총회라고 할 수 있는 행사였기 때문에 빌 브라이트, 루이스 부시 같은 목사들이 전 세계에서 한국으로 모여들었다. 함께 전략 회의를 하고, 마지막 날 집회를 했다. 그 자리에 나도 참석했다. 큰 지구본을 들고 다니면서 옷은 세계 지도가 그려진 점퍼를 입고 설교하는 루이스 부시 목사가 말씀을 마칠 때 "지저스 크라이스트'를 외치자고 제안했다. 잠실종합운동장에서 예수 그리스도로 파도타기를 했다. 그 장관은 잊을 수 없다. 그때 나는 이렇게 기도했다.

"주여! 나도 저 자리에 서게 하여 주옵소서! 복음을 전하게 하여 주옵소서!"

나중에는 기도가 바뀌어서 "주여! 주의 십자가의 복음을 가장 잘 전하는 종이 되게 하옵소서, 가장 효과적으로 말씀을 전하는 종이 되게 하옵소서!"라고 기도했다. 그런데 지금 나의 기도는 "주여! 이번 주일만 잘 넘기게 하여 주옵소서!"로 바뀌었다. 나만 그런 걸까? 지금까지 인생을 살아오면서, 얼마나 많은 꿈이 사라졌는가? 얼마나 많은 꿈이 꽃도 피우기 전에 사라졌는가? 우리는 분명히 과거 어느 시점에 꿈이 있었다. 가정을 바라보며, 자녀를 바라보며, 내 미래를 바라보며, 하나님의 교회를 향한 꿈이 있었다. 그런데 어느 순간 꿈이 사라지더니, 이제는 그런 적이 있었는가 싶다.

마가복음 5장에 나오는 회당장 야이로에게도 꿈이 있었다. 그에게는 딸이 꿈이자 희망이었다. 평행 본문인 누가복음 8장에 보면 그 딸은 외동딸이었다. 열두 살밖에 되지 않은 귀한 딸이었다. 그런데 그 딸이 병들었다. 야이로에게는 꿈이 병드는 순간일 것이다. 회당장 야이로의 꿈과 우리의 꿈이 비슷한 모습으로 쓰러져 가고 있다. 이제 우리는 어떻게 해야 할까? 나는 한 주간 이런 생각을 하다가 더 이상 꿈을 방치할 수 없다는 울분이 올라왔다. 반드시 쓰러진 우리의 꿈을 회복시켜야 한다는 의지가 생겼다. 그래서 마가복음 말씀을 살피면서 어떻게 하면 쓰러진 꿈을 다시 일으켜 세울 수 있는지, 그 비결을 찾기로 했다. 지금까지는 죽은 꿈 때문에 밤잠을 설쳤다면, 이제는 하나님이 이루실 새로운 꿈과 비전을 바라보는 설렘으로 잠을 이루지 못하는 은혜가 우리에게 넘쳤으면 좋겠다.

꿈의 재건은 기도로 시작된다

> 회당장 중의 하나인 야이로라 하는 이가 와서 예수를 보고 발아래 엎드리어 간곡히 구하여 이르되 내 어린 딸이 죽게 되었사오니 오셔서 그 위에 손을 얹으사 그로 구원을 받아 살게 하소서 하거늘(막 5:22-23)

야이로라 하는 이가 와서 예수를 보고 발아래에 엎드리어 간곡히 구했다. 언제나 꿈의 재건은 기도로 시작된다. 하지만 형식적이고 의례적인 기도가 아니다. '주님만이 나의 죽어 가는 꿈을 살릴 수 있습니다. 주님만이 살 길'이라는 절절한 기도다. 야이로는 회당장이었다. 회당장은 그 당시 예배의 처소였던 회당에서 예배를 주관하고, 관리하는 실질적인 지역 유지였다. 한마디로 존경받는 자였다. 사람들이 주목하는 위치에 있던 사람이었다. 야이로의 나이가 얼마였을까? 적어도 예수님보다 훨씬 많았을 것이다. 그런데도 모든 생각을 내려놓고 주님께 나아왔다. 그리고 주님의 발 앞에 비짝 엎드렸다. 원어의 의미를 살리면, 땅에 얼굴을 묻은 것이다. 예수님께 나아와 간곡히 구했다. 회당장은 마치 자신이 죽을 위기에 처한 것처럼 필사적으로 반복해서 매달린 것이다.

지금까지 많은 계획과 꿈이 무너진 경험이 있는가? 그것은 기회가 안 좋아서가 아니다. 환경이 나빠서 실패의 쓴잔을 마신 것이 아니다. 야고보는 아주 단호하게 이 부분에 대해서 말한다.

너희가 얻지 못함은 구하지 아니하기 때문이요(약 4:2)

너는 내게 부르짖으라 내가 네게 응답하겠고 네가 알지 못하는 크고 은밀한 일을 네게 보이리라(렘 33:3)

네가 들었으니 이 모든 것을 보라 너희가 선전하지 아니하겠느냐 이제부터 내가 새 일 곧 네가 알지 못하던 은비한 일을 네게 듣게 하노니(사 48:6)

어떤 사람들은 "한 번 기도한 걸 왜 또 하느냐?"라고 빈정거린다. 이것은 기도의 '기'자도 모르는 사람이다. 정말 절실하면 반복이 아니라 반복 할아버지도 한다. 그 기도가 장난이 아니라면, 그저 폼 잡는 기도가 아니라면, 응답을 받을 때까지 하게 된다.

하나님의 시간에 관심을 가져야 한다

꿈의 재건이 무턱대고 기도만 한다고 다 되는 것은 아니다. 예수님이 야이로의 간청을 듣고 병에 걸린 딸에게로 가고 있다. 그런데 잘 가다가 예수님이 다른 일로 시간을 지체한다. 혈우병을 열두 해나 앓아 온 한 여자가 예수님의 옷자락을 만졌다. 예수님의 옷이라도 잡으면 나을 것이라는 믿음을 가지고 잡았더니 덜컥 병이 나았다. 이 정도의 일만 있고 예수님이 빨리 가셨으면 야이로의 마음은 덜 조급했을 것이다. 그런데 예수님이 그 자리에서 내게 능력이 나갔는데 누가 내 몸에 손을 대었느냐고 묻는다. 제자들은 "사람들이 이렇게 많은데 누가 대었습니까?"라고 말한다. 그런 와중에 나음을 입은 여인이 두려움을 느끼고 예수님 발 앞에 나와서 모든 것을 고백한다.

한번 생각해 보자. 당신의 자녀가 혹은 남편이 지금 죽을 것 같아서 병을 고칠 수 있는 의사를 모시고 가는데 다른 사람이 의사 선생님을 확 낚아채서 이런저런 일로 시간을 끌고 있다면 어떨 것 같은가? 회당장의 입술은 빠짝빠짝 타고 간은 녹아내렸을 것이다. 예수님 옆에서 발을 동동 구르고 있을지도 모른다. 하지만 여기서 우리가 알아야 할 것은 하나님은 당신의 시간에 일하신다는 것이다. 우리가 애를 태운다고 하나님이 일하시는 것이 아니다.

범사에 기한이 있고 천하 만사가 다 때가 있나니(전 3:1)

단순한 시간을 의미하는 크로노스의 때가 아니라 하나님이 일하시는 타이밍, 카이로스의 때가 있는 것이다. 내 생각대로 안 된다고 급하게 굴지 말자. 기도하며 인내할 수 있기를 주의 이름으로 축원한다. 만약에 속이 탄다고 회당장 야이로가 그 자리를 떠났으면 모든 것은 끝 난다. 속이 타도, 회당장 야이로처럼 예수님 옆에 붙어 있어야 한다. 인내하며 기다려야 된다.

꿈이 죽는 순간을 넘겨야 한다

예수님과 혈우병 여인의 대화가 끝나고, 이제는 예수님이 딸을 위해 길을 가려나 할 때 회당장에게 전갈이 온다.

> 아직 예수께서 말씀하실 때에 회당장의 집에서 사람들이 와서 회당장에게 이르되 당신의 딸이 죽었나이다 어찌하여 선생을 더 괴롭게 하나이까(막 5:35)

꿈과 소망을 가지고 기도하며 믿음으로 나아가다 보면, 절망적인 상황에 이를 때가 있다. 분명히 하나님이 원하는 일이고, 내게 소명으로 주신 일인데도 잘 풀리지 않고 곤두박질친다. 열심을 낼수록, 기도할수록, 더 거꾸로만 간다. 이게 바로 꿈이 죽는 순간이다.

나는 잠실종합운동장을 그리면서 몇 년간 기도했다. 그러던 중에 더 잘 준비하려고 유학을 갔다. 그곳에서도 열심히 사역했다. 이민 교회에서 내가 섬기는 부서가 부흥해 예배가 하나 더 생길 정도였다. 그러면 내게는 탄탄대로가 열려야 하지 않을까? 그런데 현실은 그렇지 않았다. 오히려 정반대였다. 하루아침에 사역지가 없어졌다. 이 땅의 최고 설교자가 되겠다고 기도했는데, 그래서 유학까지 왔는데 사역지가 없어진 것이다. 비록 3개월이라는 짧은 기간이었지만, 나는 그 상황을 도무지 이해할 수 없었다. 사역이 좋아서 일하는 것을 쉬는 것보다 즐겨 했는데 이게 어떻게 된 일이란 말인가! 그런데 나만 그런 일을 경험한 게 아니다. 아브라함도 하나님의 축복으로 이삭을 얻었고, 그를 통해 큰 민족을 이룰 것이라는 꿈이 있었다. 분명히 하나님이 주신 꿈이었다. 그런데 어느 날, 이삭을 바치라고 했다. 꿈이 죽는 순간이다. 모세도 애굽의 왕자로 자랐다. 그는 자기 백성을 인도해 내려고 했지만 하나님은 그로 하여금 40년의 광야 생활을 겪게 했다. 당신이 품고 있는 꿈은 작은 꿈인가? 그러면 작은 죽음을 경험하게 될 것이다. 그러나 그 꿈이 큰 꿈이라면 큰 죽음을 경험하게 될 것이다. 꿈이 죽은 그 순간에 필요한 게 무엇일까? 예수님이 야이로에게 말씀하신다.

회당장에게 이르시되 두려워하지 말고 믿기만 하라 하시고(막 5:36)

이틀이나 더 지체하며 죽은 나사로의 무덤 앞에 예수님이 도착했을 때, 무덤의 돌을 옮겨 놓으라고 하자 마르다가 말했다.

"주여 죽은 지가 나흘이 되었으매 벌써 냄새가 나나이다."

그때 예수님의 말씀과 똑같다.

"네가 믿으면 하나님의 영광을 보리라."

바로 이 순간에 진짜 믿음이 필요하다. 세상 사람들의 눈에 야이로의 딸은 죽은 것이었다. 회당장의 집에 초상이 났다고 구경 온 사람들의 눈에는 분명히 죽은 것이었다. 그러나 주님의 눈에는 어떠했을까?

> 들어가서 그들에게 이르시되 너희가 어찌하여 떠들며 우느냐 이 아이가 죽은 것이 아니라 잔다 하시니(막 5:39)

우리의 눈에는 죽은 것 같고, 포기해야만 하는 상황 속에서도 주님이 잔다고 하면 자는 것이다. 내 눈보다 주님의 말씀을 더 신뢰하려면, 내 판단보다 주님의 판단을 더 신뢰하려면, 믿음이 필요하다. 주님이 보시기에 죽은 것은 딸이 아니라 사람들의 믿음이었다.

> 그 아이의 손을 잡고 이르시되 달리다굼 하시니 번역하면 곧 내가 네게 말하노니 소녀야 일어나라 하심이라(막 5:41)

나는 이제 더 이상 잠실종합운동장을 그리지 않는다. 왜냐하면 2007년에 귀국해 사랑의교회에서 사역할 때, 더 큰 서울월드컵경기장을 보았기 때문이다. 'Again 1907'을 외치며 '평양 대부흥 100주년 기념 집회'로 서울월드컵경기장에서 예배를 드렸다. 10만 명이 모여서 예배할 때 느낀 그 전율을 지금도 잊지 못한다. 나는 이제 서울월드컵경기장에서 드리는 예배의 영광을 머리에 그리며 기도한다.

응답의 샘을 터뜨려라!

얼마 전에 운전하다가 교차로에서 신호 대기에 걸렸다. 변속 기어 주변을 보니 종이컵, 동전, 영수증 등 지저분한 것들이 많았다. 기어를 앞으로 밀고 정리한 뒤 다시 뒤로 당겨 닦고, 여러 번을 반복하는데 신호등에 파란불이 들어왔다. 출발하려고 액셀을 밟는데 갑자기 차가 뒤로 갔다. 기어가 후진으로 된 줄을 몰랐던 것이다. 뒤차가 놀라서 빵빵거리는데 어찌나 당황스러운지 지금도 생생하다. 그때 얻은 교훈이 있다. 신호 대기 중에는 절대 청소하지 마라! 식은땀을 닦고 교회로 오는데, 늘 보던 변속 기어가 참 신기하게 느껴졌다. 후진에 기어를 놓으면 차가 후진하고, 전진에 놓으면 차가 앞으로 간다. 중립을 지나 딱 한 칸 차이인데 말이다.

우리 인생도 그렇지 않은가? 얼마나 열심히 사는지도 중요하지만, 앞으로 전진하는 사람은 인생의 기어가 전진에 있다. 그런데 아무리 전진하려고 용을 써도 안 되는 인생은, 살펴보면 기어가 후진에 있다. 용을 쓸수록 계속 내리막길로 치닫게 된다. 내가 급히 브레이크를 밟았기에 다행이지 계속 액셀을 밟았다고 생각해 보자. 기어가 후진에 있는 이상 차는 계속 뒤로 간다. 뒤차를 들이받게 되는 것이다.

사사기 말씀을 보면 인생의 기어를 전진에 놓았을 때는 멋지게 승승장구하다가 후진에 딱 옮겨 놓으니까 사정없이 나락으로 떨어진 사람을 만날 수 있다. 바로 삼손이다. 삼손은 성경 인물 중에 가장 힘센 사나이, 괴력의 사나이로 알려져 있다.

여기에서 착안해 세상에서 가장 튼튼한 가방, 힘센 가방이라는 의미로 100년이 넘게 세계적인 가방 브랜드를 유지한 회사도 있다. 여행을 즐겨 하는 사람은 이 가방 하나쯤은 갖고 있을 것이다. 쌤소나이트(Samsonite) 즉 브랜드 이름이 '삼손처럼'이다. 쌤소나이트는 여행 가방 판매 순위 1위로, 삼손처럼 튼튼한 가방이라는 이미지를 고수하고 있다. 또 삼손은 이름부터가 범상치 않다. 이름 뜻이 리틀 선(Little sun)이다. '작은 태양'이라는 뜻처럼 삼손의 인생은 승승장구했다. 사사기 15장 14절에 보면 삼손이 대적 블레셋의 손에 잡혔다. 그런데 여호와의 영이 임하니 "팔 위의 밧줄이 불탄 삼과 같이 그의 결박되었던 손에서 떨어진지라"라고 말한다. 표준새번역에 보면 "불에 탄 삼

오라기같이 되어서"라고 되어 있다. 다시 말하면 실오라기같이 결박을 끊고 나온 것이다.

> 삼손이 나귀의 새 턱뼈를 보고 손을 내밀어 집어들고 그것으로 천명을 죽이고(삿 15:15)

그러고 나서 턱뼈를 손에서 내던진다. 18절에는 목말라 죽겠다고 살려 달라고 외친다. 단순히 갈증을 호소하는 것이 아니다. 기진맥진한 상태를 이야기한다. 이스라엘 민족의 영웅에게 이것이 말이 되는가? 우리도 한때 인생의 상한가를 치다가 돌아서서 나락으로 떨어질 때가 있다. 어떻게 하면 내 인생이 계속 승승장구할 수 있을까? 어떻게 하면 후퇴하지 않고 전진할 수 있을까? 말씀을 통해 비법을 나누고자 한다.

삼손을 슬럼프에 빠뜨린 교만

삼손이 밧줄에 묶여 있을 때, 어떻게 해서 밧줄이 불탄 삼같이 되었는가? 삼손이 천하장사로 태어나서가 아니다. 성경은 이 부분에 대해 오해가 있을까 봐 정확하게 힘의 근거를 밝히고 있다.

> 여호와의 영이 삼손에게 갑자기 임하시매 그의 팔 위의 밧줄이 불탄 삼과 같

이 그의 결박되었던 손에서 떨어진지라(삿 15:14)

여호와의 영이 임하여 삼손의 인생이 전진 기어에 딱 물리게 되었다. 옆도 뒤도 돌아볼 것 없이 앞으로 전진한다. 그래서 맨손으로 나가 나귀 턱뼈 하나만 집어 들고도 블레셋 일천 명을 죽이는 대승을 거두었다. 그런데 삼손이 그 결과를 놓고 뭐라고 노래를 부르는가?

이르되 나귀의 턱뼈로 한 더미, 두 더미를 쌓았음이여 나귀의 턱뼈로 내가 천 명을 죽였도다 하니라(삿 15:16)

좀 이상하지 않은가? 이 노래 속에 꼭 있어야 할 것이 없다. 바로 하나님이다. 승리의 기쁨을 누구에게 돌리고 있는가? "내가 천 명을 죽였도다." 승리를 거둔 장소를 '라맛 레히' 턱뼈의 산이라고 이름 붙인다. 이것이 무엇을 말하는가? 자신의 공덕비를 세운 것이다. 승리의 쾌감에 목이 곧은 백성이 되었다. 삼손은 여호와 영이 임하여 쓰임받은 그 순간, 교만하게 되었다. 삼손이 '라맛 레히'라고 이름을 붙이며 자랑하는 나귀 턱뼈, 이것이 무기가 된다고 생각하는가? 나귀 두개골도 아니고 턱뼈가? 성경에 보면 새 턱뼈라고 되어 있다. 그러니까 죽은 지 얼마 안 된 나귀의 턱뼈이다. 아직 살점이 붙어 있고 기름기도 남아 있어서 손에서 미끌거린다. 블레셋은 이 당시에 철기 문화였다. 나귀 턱뼈는 무기가 아니라 국거리인 것이다. 그럼에도 불구하고,

1:1000의 싸움에서 승리를 얻었으면, 마땅히 누구에게 영광을 돌려야 하는가? 16절이 어떻게 기록되어야 마땅한가?

'나귀의 턱뼈로 한 더미, 두 더미를 쌓았음이여'가 아니라, '하나님의 권능으로 한 더미, 두 더미를 쌓았음이여', 더 나아가 '나귀 턱뼈로 내가 천 명을 죽였도다'가 아니라 '하나님의 도구로 내가 천 명을 죽였도다'가 되어야 한다. 그러나 인간적으로 삼손을 생각하면 이해가 되기도 한다. 그 정도의 성과를 올렸으면 목이 굳어질 것도 같다. 하지만 우리가 교만을 가벼이 여길 수 없는 것은 교만해지면 나도 모르는 사이에 인생을 후진 기어에 놓게 된다. 그 다음은 아무리 액셀을 밟아도 후진이다. 교만해진 삼손에게 찾아온 것이 무엇인가? 갈증이다. 그 갈증의 정도가 정신을 혼미케 할 정도였다. 이 대목에서 유대 역사가 요세푸스는 그 갈증과 관련해서 우리에게 아주 중요한 증언을 한다.

"삼손이 승리를 거둔 후 하나님께 영광을 돌리지 않고 자기 자신을 내세우면서 '내가 일천 명을 죽였도다'라고 하며 자만에 빠졌기에, 하나님이 죽을 것 같은 갈증을 삼손에 주셨다."

갈증을 하나님이 주셨다고 말한다. 그러므로 삼손이 경험하고 있는 이 갈증은 단순한 목마름이 아니다. 일반적으로 갈증은 우리 몸에서 수분이 빠져나갈 때 느끼는 생리적인 현상이다. 삼손은 심각하게 영혼의 갈증을 느끼고 있었던 것이다. 영혼의 갈증은 수분이 빠져나갈 때가 아니라, 내 인생에서 하나님이 빠져나갈 때 느끼는 목마름이다. 아니 정확하게 말하면 내가 하나님을 밀어낼 때, 내가 인생의 주인 노룻할 때 밀려오는 목마름이다. 성경에 삼손 다음으로 내 인생의 주인 노릇을 한 사람의 고백을 들어 보자. 누가복음 12장에 나온다. 한 부자가 있는데 그 밭에 소출이 풍성하여 이렇게 말한다.

> 내가 곡식 쌓아 둘 곳이 없으니 어찌할까 하고 또 이르되 내가 이렇게 하리라 내 곳간을 헐고 더 크게 짓고 내 모든 곡식과 물건을 거기 쌓아 두리라 또 내가 내 영혼에게 이르되 영혼아 여러 해 내 쓸 물건을 많이 쌓아 두었으니 평안히 쉬고 먹고 마시고 즐거워하자 하리라 하되(눅 12:17-19)

그래서 이사야는 이 영혼의 갈증을 모르는 사람들이 물을 구한다고 말한다. 그러나 거기에 답이 있지 않다. 하나님이 어떻게 응답하시는가?

> 가련하고 가난한 자가 물을 구하되 물이 없어서 갈증으로 그들의 혀가 마를 때에 나 여호와가 그들에게 응답하겠고 나 이스라엘의 하나님이 그들을 버리지 아니할 것이라(사 41:17)

당신은 인생의 갈증을 느끼는가? 삼손처럼 그 갈증으로 인해 정신이 혼미해질 지경인가? 그런데도 여전히 '내가 천 명을 죽였다'라고 소리치고 있는가? '내가 내가'라고 하면서 하나님을 밀어내고 교만의 후진 기어를 넣고 버틴다면, 인생의 방향은 한 가지다. 뒤로 가는 것이다. 계속 후진에 기어를 놓고 액셀을 밟으면 어떻게 될까? 세게 밟으면 밟을수록 더 깊은 인생의 나락으로 떨어진다. 그러면 어떻게 해야 하는가? 멈춰야 한다. 자리를 바꿔야 한다. 교만의 자리를 털고 일어나 주께로 나아오는 신실한 종들이 될 수 있기를 주의 이름으로 축원한다. 그러면 전진 기어는 무엇일까? 우리는 쉽게 교만의 반대로 겸손을 떠올린다. 그런데 사사기 15장 18절을 잘 보자. 삼손이 깨닫고 난 뒤에 기어를 바꿔 놓는다. 첫 반응이 무엇인가?

"여호와께 부르짖어 이르되" 부르짖어 기도하는 것이다.

기도의 전진 기어

기도가 회복된 다음, 삼손의 고백을 보자.

"주께서 종의 손을 통하여 이 큰 구원을 베푸셨사오나"

달라진 게 보이는가? 전에는 나귀의 턱뼈로, 한 더미 두 더미를 쌓았다고 자랑했다. 그러나 이제는 기도가 회복되니 이렇게 고백한다.

"주께서 종의 손을 통하여 이 큰 구원을 베푸셨나이다"

이 영적 순서가 깨달아지는가? 기도가 회복되고 나니까 겸손이 회복된다. 그러므로 꼭 기억하자! 겸손하기 때문에 기도하는 것이 아니다. 사실 겸손이 뭔지 모를 수 있다. 그러나 기도해야 겸손해지고, 기도해야 회개가 터지고, 기도해야 사명을 발견하게 된다. 반대로 기도하지 않으면 교만에 빠진다. 언제까지 교만한 자리에서 버틸 것인가? 기도의 자리에 나와 창조주 하나님 앞에 겸손히 엎드리는 주의 자녀가 되기를 바란다. 기도가 우리의 신앙과 삶에서 가장 중요한 지표가 되는 이유는 바로 이것이다. 기도는 단순히 하나님께 내 소원을 아뢰는 정도가 아니다. 기도는 기도에서 멈추지 않는다. 기도는 반드시 그 다음으로 이끈다. 때로는 겸손으로, 때로는 헌신으로, 때로는 사랑으로 그리고 궁극적으로 나를 변화시킨다.

《기도로 세계를 움직이라》는 책을 쓴 웨슬리 듀엘(Wesley Duewel)은 '하나님을 의지하고 신뢰함으로 드리는 우리의 기도는 세상의 모든 것을 변화시킬 수 있는 위대한 힘을 가지고 있다'라고 했다. 기도는 기도에서 멈추지 않기 때문이다. 그래서 그 책에서 이렇게 말한다.

"사탄은 하나님의 가장 연약한 자녀들이 무릎 꿇는 것만 보고도 두려워한다."

지금 후진 기어에 물려서 아무리 몸부림쳐도 꼼짝 못하고 가라앉는 인생을 건져 올리는 길은 기도뿐이다. 이것을 제대로 깨달은 바울은 우리에게 뭐라고 강조하는가?

기도를 계속하고 기도에 감사함으로 깨어 있으라(골 4:2)

응답의 샘

하나님이 레히에서 한 우묵한 곳을 터뜨리시니 거기서 물이 솟아나오는지라 삼손이 그것을 마시고 정신이 회복되어 소생하니 그러므로 그 샘 이름을 엔

학고레라 불렀으며 그 샘이 오늘까지 레히에 있더라(삿 15:19)

죽을 것만 같았던 삼손에게 하나님이 응답의 샘을 터뜨려 살려 주신다. 이번에도 삼손은 이름을 붙인다. 하지만 이번에는 다르다. 엔학고레, '부르짖는 자의 샘'이라는 뜻이다. 물이 그냥 솟아난 것이 아니라 분명한 기도의 응답이라는 것이다. 우리 주님은 부르짖는 자의 기도를 외면치 않는다.

너는 내게 부르짖으라 내가 네게 응답하겠고 네가 알지 못하는 크고 은밀한 일을 네게 보이리라(렘 33:3)

턱뼈를 들고 자랑하면서 '라맛 레히'라고 자신의 공덕비를 세우던 삼손이 이제는 '엔학고레' 부르짖는 자의 샘이라며 응답의 하나님을 찬송한다. 삼손과 같이 타는 목마름이 있는가? 그냥 두면 안 되는 줄 알지만 어떻게 할 수 없는 자녀들, 이대로 두면 안 되는 줄 알지만 어떻게 할 수 없는 부부 관계, 삼손처럼 정신을 잃을 것 같은 내 영혼의 갈증과 목마름…….

세계적으로 타는 목마름이 있는 곳은 아프리카 세렝게티 초원이다. 그곳에 건기가 찾아와 강물이 마르면 동물들은 몇몇 남은 물웅덩이를 찾아 모인다. 그 물웅덩이가 유일한 생명줄이기 때문이다. 그러나 동물들은 쉽게 물에 접근하지 못한다. 왜냐하면 그곳에는 무시무시한

악어가 먹잇감을 기다리고 있기 때문이다. 사나운 사자도 함부로 접근하지 못한다. 그러다가 시간이 더 지나면 목마름을 참지 못하고 물가로 다가간다. 정신없이 물을 마시다 보면 악어가 기다렸다는 듯이 사냥한다. 그런데 죽는 줄 알면서 왜 물가로 가는가? 이유는 단 한 가지 너무 목마르니까.

세상은 사막의 신기루와 같은 것을 당신에게 보여 주면서 손짓한다. 타는 목마름 때문에 자기들을 찾아올 거라 여기고 기다린다. 그리고 그 앞에서 사단은 입을 딱 벌리고 있다. 그러나 우리에게는 이 목마름을 해결하는 방법이 있다.

> 누구든지 목마르거든 내게로 와서 마시라 나를 믿는 자는 성경에 이름과 같이 그 배에서 생수의 강이 흘러나오리라 하시니(요 7:37-38)

> 환난 날에 나를 부르라 내가 너를 건지리니 네가 나를 영화롭게 하리로다 (시 50:15)

에이든 토저 목사는 '기도하지 않는 목사, 전도사, 교역자는 장난하는 사람이며, 기도하지 않는 평신도는 방황하는 자'라고 냉철하게 말했다. 우리가 터뜨려야 할 것은 기도의 샘이다. 순종함으로 기도의 샘을 터뜨리면 주께서 우리에게 응답의 샘을 터뜨려 주실 것이라 믿는다.

땅에 있는 성도들은 존귀한 자들이니
나의 모든 즐거움이 그들에게 있도다
〈시 16:3〉

Part 5

세상에서 승리하고 싶은 당신에게

축복의 길, 존중

한국 문화의 고질적인 악습이 하나 있다. 지각이 '코리안 타임'이라는 이름으로 정착된 것이다. 심지어 예배 시간도 마찬가지다. 중간에 들어오면서도 뭘 잘못했는지 모른다. 약속을 모르는 민족, 지각을 상습화하는 젊음에는 미래가 없다. 그럼에도 불구하고 왜 지각이 뿌리 깊게 자리를 잡는지 아는가? 몇 가지 이유가 있다.

첫 번째는 VIP에 대한 전통 때문이다. 예로부터 우리나라는 아랫사람들이 모두 모인 뒤, 가장 높은 사람이 들어온다. 그래서 은연중에 늦게 오는 사람이 높은 사람이라고 착각한다. 지각하는 사람의 의식 속에 '나는 결코 아랫사람이 아니다'라는 과시가 남아 있다. 그러나 성경은 지각생을 결코 VIP로 여기지 않는다. 깨어 있지 못한 게으름뱅이, 무익한 종으로 여긴다. 여기에 대한 성경의 지적은 참으로 무섭다.

> 이 무익한 종을 바깥 어두운 데로 내쫓으라 거기서 슬피 울며 이를 갈리라 하니라(마 25:30)

두 번째는 필요한 부분에만 참석하겠다는 태도다. 이건 리모컨 시대의 비극이다. 텔레비전도 필요한 부분만 보듯이 예배도 필요한 부분만 받아들이겠다는 태도다. 나는 설교만 듣겠다, 또는 찬양만, 심지어 축도만 받겠다! 어떤 사람은 점심 식사가 그렇게 중요하다. 축도 후에 송영이 끝나지 않았는데 밖으로 나간다. 예배를 무슨 뷔페로 생각한다. 예배의 본질이 '드림'에 있다는 사실을 아는가? 예배를 뜻하는 워십(Worship)이라는 단어가 '가치(Worth)를 올려드린다'는 것임을 전혀 모르는 행동이다.

세 번째로는 몸에 밴 게으름이다. 특별한 생각 없이 그냥 느린 몸을 뒤척이다가 늦는 것이다. 이런 경우는 비난하지 말고 불쌍히 여겨야 한다. 제 몸 하나 마음대로 못하는 사람이기에 온 교회가 금식 기도해 줘야 한다. 어떤 성도는 성경을 인용해서 지각을 정당화한다. 〈빌립보서〉 4장, 하나님은 모든 '지각'에 뛰어난 하나님이기에 그리스도 예수 안에서 마음과 생각을 지켜주신다고 말한다.

고든 맥도날드(Gordon Macdonald)는 인생을 두 가지로 설명한다. 쫓기는 삶과 주도하는 삶이다. 그러면 누가 쫓기는 인생을 사는가? 지각하는 인생이다. 쫓기는 인생은 창조적인 일을 할 수 없다. 늘 미안한 마음에 머리만 긁다가 세월을 보낸다. "늦어서 미안하다"라고 말하며 지각을 수습하기에 바쁘다. 그러나 미리 준비하는 인생은 당당하게 인생의 고지를 선점한다. 올바른 뜻을 펼칠 수 있다. 거기다가 여유가 있기 때문에 창조적이다. 예배도 쫓기는 마음으로 드리는 게 아니라, 주도적으로 드리는 온전한 예배가 될 수 있기를 주의 이름으로 축원한다. 우리의 예배를 받으시는 하나님은 그렇게 무시당해도 좋은 분이 아니다. 우리 인생의 형통을 위한 비밀이 바로 여기에 있기 때문이다.

> 나를 존중히 여기는 자를 내가 존중히 여기고 나를 멸시하는 자를 내가 경멸하리라(삼상 2:30)

하나님은 당신을 존중하는 것뿐만 아니라 수평적으로 인간 존중에도 관심을 기울이고 있다.

> 삼가 이 작은 자 중의 하나도 업신여기지 말라 너희에게 말하노니 그들의 천사들이 하늘에서 하늘에 계신 내 아버지의 얼굴을 항상 뵈옵느니라(마 18:10)

〈사무엘상〉 24장을 보면 인간 존중이 몸에 배어 있는 한 사람이 나온다. 그래서 하나님으로부터 축복을 받은 인생이다. 다윗은 원수를 원수로 갚지 않는다. 자기를 죽이려고 수없이 달려든 사울 왕을 살려 준다. 인간적으로 대해 준다. 그랬더니 하나님이 사울의 입술을 통해서 이렇게 말씀하신다.

> 사람이 그의 원수를 만나면 그를 평안히 가게 하겠느냐 네가 오늘 내게 행한 일로 말미암아 여호와께서 네게 선으로 갚으시기를 원하노라 보라 나는 네가 반드시 왕이 될 것을 알고 이스라엘 나라가 네 손에 견고히 설 것을 아노니 (삼상 24:19-20)

이것은 사울의 입술을 빌려 다윗을 축복하는 하나님의 메시지다. 무엇을 보면 알 수 있는가 하면, 나중에 나단 선지자가 하나님을 대신하여 다윗을 축복한다. 그때도 똑같이 이야기한다.

> 네 집과 네 나라가 내 앞에서 영원히 보전되고 네 왕위가 영원히 견고하리라 하셨다 하라(삼하 7:16)

> 사울을 사십 년간 주셨다가 폐하시고 다윗을 왕으로 세우시고 증언하여 이르시되 내가 이새의 아들 다윗을 만나니 내 마음에 맞는 사람이라 내 뜻을 다 이루리라 하시더니(행 13:21-22)

도대체 다윗이 어떤 인생을 살았기에, 그토록 하나님이 축복하셨을까? '내 마음에 맞는 사람이고 내 뜻을 다 이룰 것'이라고 하셨는데 도

대체 다윗의 어떤 면모가 그렇게 하나님의 마음에 들었는지, 말씀의
세계로 들어가고자 한다.

상식을 넘은 존중

인간관계의 가장 기본은 '눈에는 눈, 이에는 이'다. '받은 만큼은 갚
아 준다'라는 것이다. 다윗이 사울에게 받은 만큼 갚아 주려면 어떻게
해야 할까? 잘근잘근 씹어 먹어도 속이 안 풀릴 것이다. 악령에 시달
려 고통받는 사울에게 하프를 켜 마음을 달래 주었더니 왕이 창을 던
져 죽이려 했다. 나중에는 불안하니까 딸을 줘서 사위 삼는다. 그렇게
하고는 그 신혼집에 들이닥쳐서 죽이려 했다. 도대체 사울이 왜 그랬
을까? 골리앗을 물리치고 돌아오는 다윗을 보고, 이스라엘의 여인들
이 좋아서 노래를 부른다.

"사울이 죽인 자는 천천이요 다윗이 죽인 자는 만만이로다!"

이 말을 듣고 질투심에 불타오른다. 시기심에 다윗을 죽이려고 했
던 것이다. 그렇다면 사울은 존중할 만한 가치가 있을까? 또 사울을
향한 하나님의 계획은 어떠한가?

> 왕이 여호와의 말씀을 버렸으므로 여호와께서도 왕을 버려 왕이 되지 못하게
> 하셨나이다 하니 (삼상 15:23)

자신이 주관해서는 안 될 예배까지 직접 주도했다가 책망을 들었다. 이 정도라면 적당히 무시해도 될 만한 사람이라고 생각할 수 있다. 그런데 다윗은 함부로 하지 않는다. 사울이 우연찮게 다윗이 숨은 굴에 들어왔다. 사울은 칠흑 같은 어둠에 숨은 다윗을 전혀 눈치채지 못했다. 더군다나 사울이 이 굴에 왜 들어 왔는지 보자.

굴이 있는지라 사울이 뒤를 보러 들어가니라(삼상 24:3)

수행원이 용변을 보러 들어온 사울을 제대로 경호하지 않고 있는 상황이다. 다시 말하면 다윗이 마음대로 요리할 수 있는 입장이다. 그런데도 다윗은 손대지 않는다. 주변에서 답답해하며 "하나님이 원수를 네 손에 넘긴다고 했지 않습니까! 오늘은 그날입니다"라고 말한다. 그럼에도 불구하고 다윗은 어떻게 하는가?

다윗이 일어나서 사울의 겉옷 자락을 가만히 베니라 그리 한 후에 사울의 옷 자락 벰으로 말미암아 다윗의 마음이 찔려(삼상 24:4-5)

존중할 이유가 있어서 존중하거나, 상대에게 도움을 받기 위해 존중하는 것은 거래다. 하나님은 우리 인간관계에서 거래하라고 가르치신 적이 없다. 존중하라고 하셨다. 이렇듯 다윗은 도저히 존중할 수 없는 사람까지 존중했다.

어느 무더운 여름날, 한 부인이 친구를 만났다. 그런데 친구가 아주 예쁜 망사 지갑을 들고나왔다. 한눈에 보기에도 고급스러웠다.

'그래, 여자라면 저런 지갑 하나는 있어야지!'라는 생각이 들어 그날 밤 남편을 졸랐다. "여보 나도 망사 지갑 하나 사주면 안 될까?"

그랬더니 남편이 말했다. "와? 돈이 덥다 카드나?"

이러한 말 한마디에 모멸감을 느낀다. 도저히 존중할 수 없는 사람은 의외로 가까이 있다. 나는 제일 이해할 수 없는 사람이 한참 통화하다가 자기 말만 하고 전화를 끊는 사람이다. 나는 아직 전화기를 들고 있는데 말이다. 이런 사람은 마치 인간관계를 끊고 싶어서 전화한 사람 같다. 인간에 대한 예의가 없고 거칠기 짝이 없다. 이런 사람, 존중하기 참 어렵다.

우리 중에 다윗이 받은 축복을 부러워하는 사람이 있다면, 사울의 입술을 빌려 말씀하신 것을 깊이 새겨야 한다.

> 네가 오늘 내게 행한 일로 말미암아 여호와께서 네게 선으로 갚으시기를 원하노라(삼상 24:19)

우리가 사람을 대하는 태도는 하나님이 나를 대하는 태도의 기준이 된다는 것을 기억하기 바란다. 다윗이 받은 축복이 부럽다면, 사람들에게 함부로 하면 안 된다. 존중할 수 없는 사람까지 존중해야 한다.

인내하는 존중

대부분 사람들이 존중에 실패하는 이유가 뭘까? 인내하지 못하기 때문이다. 다윗은 사무엘을 통해 왕으로 기름 부음을 받았다. 쉽게 말하면 취임식을 안 했을 뿐이지 실질적인 주권자나 마찬가지다. 더욱이 하나님이 사울을 버렸고, 자신이 왕이 될 것을 알았다. 하지만 다윗은 서둘러 왕이 되려고 하지 않았다. 자기 손에 피를 묻혀 왕이 되려고 하지 않았다. 인내했다. 그런데 이 시간이 13년이다. 사울의 추격을 받으며 고통스럽게 지낸 세월이 13년이나 된다. 드디어 사울이 죽고 왕위에 오르는가 싶었다. 그런데 유다 지파만 왕으로 인정했다. 절반 이상의 지파가 인정하지 않았다. 이때도 다윗은 서둘러 이스라엘을 평정하려고 하지 않았다. 7년을 기다린 뒤에 사울에게 속했던 지파가 찾아와서 왕이 되어 달라고 할 때까지 기다렸다. 다윗이 어떻게 그렇게 할 수 있었을까? 어떻게 13년을 기다리고, 어떻게 다른 지파를 7년이나 참고 기다릴 수 있었는가?

> 내가 손을 들어 여호와의 기름 부음을 받은 내 주를 치는 것은 여호와께서 금하시는 것이니 그는 여호와의 기름 부음을 받은 자가 됨이니라 하고(삼상 24:6)

이게 무슨 말인가? 사울이 기름 부음 받은 자이기에 죽이지 않았다는 것이다. 그러나 그렇게만 보면 성경을 너무 단편적으로 이해하는 것이다. 다윗은 이 상황을 누가 보고 있다고 의식하는가? 하나님을 기억하며 긴 세월을 인내할 수 있었다. 그런데 이게 한 번이 아니었다. 사무엘상 26장에 보면 다윗과 군대 장관 아비새가 사울이 자고 있는 것을 목격한다. 경비가 허술한 그때 아비새가 다윗에게 허락을 구한다. "내가 가서 왕을 창으로 찔러 죽이게 해 달라" 그때도 다윗은 말한다.

> 다윗이 또 이르되 여호와께서 살아 계심을 두고 맹세하노니 여호와께서 그를 치시리니 혹은 죽을 날이 이르거나 또는 전장에 나가서 망하리라(삼상 26:10)

"그래도 목사님! 그래도 내가 살아 있다는 거, 내 성질이 보통이 아니라는 거, 한 번쯤은 보여 줘야 합니다. 등신처럼 '네'만 하면 세상 못 삽니다."

존중하기 때문에 할 이야기도 못하고 등신처럼 살아가라는 말이 아니다. 다윗이 의사 표현을 못했는가? 다윗은 사울의 옷자락을 베고, 경비가 허술한 틈을 타 창과 물병을 가져오는 것으로 강력한 표현을 했다. 존중하면 더 멋진 방법을 찾을 수 있다. 다윗에게 체화된 인내는 한 번으로 끝나지 않는다. 사울 왕 시절에 권력을 누렸던 시므이는 다윗에게 저주하고 돌을 던졌다. 그때도 다윗의 측근들은 부들부들 떨면서 칼을 뽑았다. 그때도 다윗은 존중하는 모습으로 말한다.

> 그가 저주하게 버려두라 혹시 여호와께서 나의 원통함을 감찰하시리니 오늘 그 저주 때문에 여호와께서 선으로 내게 갚아 주시리라 하고(삼하 16:11-12)

시므이는 다윗에게 저주를 퍼부었지만, 다윗은 오히려 그를 존중함으로 여호와께서 선으로 갚으실 것이라 믿었다. 이게 예수 믿는 사람이다. 만일 이때 다윗이 칼을 뽑아 시므이를 죽였다면, 다시 왕위를 되찾는 것은 영원히 물 건너가는 것이다. 성질을 부려 모든 축복을 날려 버리겠는가? 아니면 인내하여 하나님께 선대받겠는가?

절제하는 존중

내게 힘이 있다고 다 사용하는 것은 존중이 아니다. 나는 처음 미국에 갔을 때, 구급차를 보고 참 놀랐다. 엥~ 하고 경광등을 켜니, 일제히 차들이 다 길을 열어 주었다. 또 놀란 것은, 구급차 주위를 둘러볼 기회가 있었는데, 옆면에는 '앰뷸런스'라는 글자가 제대로 써 있다. 그러나 앞면 보닛에는 거꾸로 적혀 있었다. 이상하다고 생각했는데, 알고 보니까 여기에 존중이 있었다. 앞선 차량들은 백미러를 통해 뒤에 있는 사물을 인식한다. 거울을 통해서 보면 좌우가 바뀐다. 따라서 내게는 불편하지만 앞차를 위해 뒤집어 적은 것이다. 앞에 있는 운전자가 바른 방향으로 읽도록 존중한 것이다. 사실 앰뷸런스는 경광등만 켜도 다 알고 길을 열어 준다. 그럼에도 불구하고 글씨를 뒤집어 써서 보닛에 붙이는 것이 진정한 존중이다.

다윗 역시 충분한 힘이 있었다. 사울을 죽일 명분도 있었다. 그는 용사이자 골리앗을 죽인 민족의 영웅이었다. 모든 지파의 힘을 결집시킬 수 있었다. 그러나 힘이 있다고 그 힘을 다 쓰면 존중하는 사람이 아니다. 힘 써야 할 자리를 알고 써야 한다. 다윗은 블레셋과 싸울 때는 혼신의 힘을 다했지만, 사울을 위해서는 그의 힘을 아꼈다.

> 여호와께서는 나와 왕 사이를 판단하사 여호와께서 나를 위하여 왕에게 보복하시려니와 내 손으로는 왕을 해하지 않겠나이다(삼상 24:12)

다윗은 어떤 믿음으로 그의 힘을 아낀 것인가? 여호와 하나님이 이 상황을 보고 계신다는 믿음으로 절제한 것이다.

> 네가 오늘 내게 행한 일로 말미암아 여호와께서 네게 선으로 갚으시기를 원하노라(삼상 24:19)

우리가 하나님을 존중하면 형통의 길이 열린다. 성경은 수평적으로 사람을 존중하라고 했다. 더 나아가 존중할 가치가 없는 사람까지 존중하라고 했다. 우리가 사람을 대하는 태도는 하나님이 나를 대하는 태도의 기준이 되기 때문이다. 어떻게 존중해야 할까? 인내와 절제. 그러면 주님이 우리의 인생을 반드시 선대할 줄 믿는다. 축복의 문을 열어 주실 줄 믿는다.

당신은 친구가 필요하다

지하철에서 한참 졸고 있던 아저씨가 있었다. 많이 피곤했는지 입을 벌리고 잤다. 바로 앞에 서 있던 청년이 장난기가 발동해 주변 사람들에게 한 손가락을 펴서 보이고는 아저씨의 입에 넣었다가 뺐다. 그 모습을 본 사람들은 키득키득 웃었다. 더욱 재미가 붙은 청년은 손가락을 두 개, 세 개, 네 개까지 집어넣었다. 지하철에 탄 사람들 난리가 났다. 특히 아저씨 바로 옆에 앉아 있던 아줌마는 배꼽을 잡고 웃었다. 장난기가 많은 청년도 좀 미안했는지, 차마 다섯 손가락은 하지 않고 있는데 옆의 아줌마가 계속 하라고 눈짓을 보냈다. 쇼맨십을 발휘하면서 한 번 더 손가락 다섯 개를 넣었다가 뺐다. 그러자 사람들은 자지러졌다. 그때 지하철 안내 방송이 나왔다.

"이번 역은 **역입니다. 내리실 문은 오른쪽입니다."

옆에서 눈물을 닦으며 웃던 아줌마가 아저씨의 어깨를 흔들어 깨웠다. 순간 지하철에 모든 사람들의 이목이 집중되었다. 그때 아줌마가 한 말이 무엇일까?

"여보, 내려요!"

사람들은 자주 피곤을 호소한다. 뭘 했는지 모르겠는데 자주 피곤하다. 말씀을 전할 때도 성도들에게 높은 점수를 얻으려면 설교를 짧게 마쳐야 한다. 그런데 사람들은 왜 이렇게 피곤할까? 그것은 친구가 필요하다는 이야기다.

> 두 사람이 한 사람보다 나음은 그들이 수고함으로 좋은 상을 얻을 것임이라
> (전4:9)

몽골을 세운 징기스 칸에 대한 이야기다. 하루는 징기스 칸이 여섯 아들을 모아 놓고 화살을 하나씩 나눠 주었다. 그러곤 그것을 꺾어 보라고 했다. 모두 쉽게 꺾었다. 그리고 나서 여섯 개의 화살을 한데 묶어서 맏아들부터 차례차례 주면서 꺾으라고 했다. 아무도 꺾지 못했다. 이어 징기스 칸은 아들들에게 중요한 교훈을 한다.

"너희 하나하나는 약하지만 힘을 합하면 큰 힘이 되고, 누구도 당하지 못할 것이다."

혼자는 약하지만, 함께하면 큰 힘을 발휘하는 대표적인 경우가 또 있다. 미국 샌프란시스코에 가면 '골든게이트교'가 있다. 수심이 90m나 되는 곳에 큰 다리가 놓여 있다. 이것이 금문교(Golden Gate Bridge)이다. 이 지역은 수심이 깊고 워낙 물살이 빨라서 정상적인 방법으로는 다리를 놓을 수 없다. 그래서 다리 양쪽에 227m 높이의 높은 교각을 세웠다. 그리고 나서 교각과 교각 사이에 두 가닥의 줄을 늘여서 육중한 다리 판을 메고 있게 하였다. 교각과 교각을 연결하는 줄의 길이는 2,825미터 약 3km이다. 전체 다리 판을 지탱하는 그 줄의 단면은 강철로 된 줄의 직경이 1미터나 된다. 그 안을 자세히 보면 무려 27,000가닥의 철선이 합쳐져 있다. 한 가닥의 철선은 약하지만 모이면 엄청난 힘을 발휘한다. 다리 전체를 떠받치고 있는 것이다.

사람도 금방 부러뜨릴 수 있는 화살과 같다. 금방 녹슬어 없어질 수 있는 한 가닥의 철사와 같다. 누구나 약하다. 피곤하고 쉽게 부러진다. 상처받고 쓰러지고 낙심한다. 그렇기 때문에 옆에 함께 있어 줄 친구가 필요하다. 그래서 한자로 '사람 인(人)' 자를 어떻게 쓰는가? 긴 작대기 하나를 밑에서 받쳐 주는 모양이다. 서로 의지하고 돕고 사는 존재라는 의미다.

너희는 내가 명하는 대로 행하면 곧 나의 친구라 이제부터는 너희를 종이라 하지 아니하리니 종은 주인이 하는 것을 알지 못함이라 너희를 친구라 하였노니 내가 내 아버지께 들은 것을 다 너희에게 알게 하였음이라(요 15:14-15)

친구가 필요한 우리에게 예수님은 직접 친구가 되어 주신다. 참 좋으신 예수님이 우리의 친구다. 그러나 성경은 우리에게 '예수님 친구' 말고 '사람 친구'도 필요하다고 말한다.

> 평강이 네게 있을지어다 여러 친구가 네게 문안하느니라 너는 친구들의 이름을 들어 문안하라(요삼 1:15)

초대 교회 성도들은 마음을 나눌 수 있을 때 친구라고 불렀다. 그런 친구들을 찾고 문안하는 것이다. 우리에게도 이런 친구가 필요하다. 유명한 기독교 심리학자인 폴 튜니어도 세상에서 혼자 할 수 없는 것이 두 가지 있는데, 하나는 결혼이고 또 하나는 신앙생활이라고 했다.

세계적인 설교자 찰스 스펄전 목사에게 어느 날 한 성도가 찾아왔다. 그는 한 교인을 악평하면서 그 사람하고는 같이 교회를 다닐 수 없다고 했다. 그러자 목사가 성도에게 한 말이 인상 깊다.

"교회는 함께 못 다녀도 천국은 혼자 가는 게 아닙니다."

서로 피곤을 날려 줄 만한 좋은 친구가 몇 명이나 되는가? 휴대 전화 연락처에 등록된 번호는 수백 아니 수천 명은 되지만 정작 내가 인생의 큰 문제를 만났을 때는 연락할 수 있는 사람이 몇 안 된다. 왜 우리에게 진정한 친구가 필요한가?

넘어져도 일어설 수 있다

넘어져 있을 때 버려두지 않고 일으켜 세우는 것이 좋은 친구다.

> 혹시 그들이 넘어지면 하나가 그 동무를 붙들어 일으키려니와 홀로 있어 넘어지고 붙들어 일으킬 자가 없는 자에게는 화가 있으리라(전 4:10)

길을 가다가 넘어진 경험이 있는가? 빗길에 미끄러져 넘어질 때, 옆에서 누군가 가 붙잡아 준다면 넘어진 자리에서 쉽게 일어설 수 있다.

성경에도 인생이 완전히 넘어졌다가 다시 일어선 한 사람이 있다. 사울이라는 사람이다. 나중에 예수를 믿고 바울이라는 이름으로 더 많이 불렸던 사람이다. 이 사람은 철저한 유대주의자였다. 사울 때문에 예수 믿는 수많은 사람들이 핍박받고 죽임을 당했다. 그 유명한 초대 교회 스데반 집사도 이 사람 손에 죽었다.

그런데 어느 날 바울이 다메섹에 예수 믿는 사람들을 잡아 죽이려고 가다가 부활하신 주님을 만난다. 그 자리에서 거꾸러져 회심했다. 여기까지는 은혜고 간증이다. 그런데 무엇이 문제인가 하면, 워낙 핍박을 많이 하던 사람이라 변화되어도 그를 믿는 사람이 없었다. 어느 정도였는지 〈사도행전〉을 보면 알 수 있다.

사울이 예루살렘에 가서 제자들을 사귀고자 하나 다 두려워하여 그가 제자

됨을 믿지 아니하니(행 9:26)

제자들이 모두 그를 두려워하여 경계했다. 그리고 그가 제자된 것을 믿지 않았다. 바울이 '위장 회심한 것이 아닌가! 이것도 고도의 핍박 전략이 아닌가!' 하고 의심한다. 그때 그를 일으켜 세워 준 사람이 있었다.

> 바나바가 데리고 사도들에게 가서 그가 길에서 어떻게 주를 보았는지와 주께서 그에게 말씀하신 일과 다메섹에서 그가 어떻게 예수의 이름으로 담대히 말하였는지를 전하니라(행 9:27)

바나바라는 귀한 친구 덕분에 바울이 공동체 안으로 들어오게 되었다. 바울의 회심은 예루살렘 지도자들에게 인정받았다. 바울이 열심히 예루살렘에서 복음을 전하니까 유대주의자들은 화가 나서 "바울을 그냥 둬서는 안 되겠다. 반드시 죽이자"라고 모의한다. 어쩔 수 없이 바울은 '다소'라는 고향으로 도망간다. 그러나 바나바는 바울을 일으켜 주는 것이 한 번으로 끝나지 않았다. 바나바가 안디옥 교회 담임 목사로 부임할 때, 누구를 동역자로 가장 먼저 초청하는가?

> 바나바가 사울을 찾으러 다소에 가서 만나매 안디옥에 데리고 와서 둘이 교회에 일 년간 모여 있어 큰 무리를 가르쳤고 제자들이 안디옥에서 비로소 그

리스도인이라 일컬음을 받게 되었더라(행 11:25-26)

안디옥에서 처음 사용된 그리스도인이라는 말은 헬라어로 '크리스 티아노스'이다. 그리스도를 따르는 자, 그리스도께 속한 자라는 말이다. 안디옥의 놀라운 부흥, 그 역사의 배경에는 쓰러진 한 사람을 일으켜 세운 동역자가 있었기 때문이다.

만일 쓰러진 바울에게 바나바가 없었더라면, 바울은 변화되기는 했겠지만 귀하게 쓰임받진 못했을 것이다. 초대 교회 입장에서 생각했을 때 만약 바나바가 바울을 세워 주지 않았다면, 엄청난 일꾼을 잃은 것이다.

바울처럼 구약에 정통한 사람이 누가 있는가? 바울처럼 선교의 열정에 불타는 사람이 누가 있는가? 바울과 같은 강력한 리더십을 갖춘 지도자가 어디 있는가? 바울은 한 번 목표를 세우면 끝까지 가는 사람이다. 맞아 죽어도 가는 사람이다. 만일 초대 교회가 이런 사람을 놓쳤다면, 오늘날 우리 손에 있는 〈사도행전〉의 놀라운 부흥의 역사, 그리고 신약 성경 13권의 바울 서신은 없을지도 모른다.

당신의 생애에도 쓰러진 자리에서 일으켜 세워 줄 좋은 친구가 많이 있기를 주 예수 이름으로 축복한다. 그렇다면 어디에서 이런 친구를 만날 수 있을까? 나는 아무리 생각해도 교회 공동체라고 확신한다. 교회 같은 공동체가 세상에 또 어디 있는가? 남녀노소를 뛰어넘고, 커리어도 상관없다. 그리스도의 사랑으로 다 받아 주는 공동체 안에서 성가대로, 주일 학교 교사로, 전도회로 함께 모여 평생의 친구를 만난다면 그것보다 더 큰 축복은 없을 것이다. 그러므로 우리는 혼자 외롭게 있지 말고 교회 공동체 안으로 들어가야 한다.

인생의 추위를 견딜 수 있다

또 두 사람이 함께 누우면 따뜻하거니와 한 사람이면 어찌 따뜻하랴(전 4:11)

나는 몽골에 갔을 때 이 말이 무슨 뜻인지 체험했다. 네 분의 장로님들과 함께 몽골에 갔다. 숙소를 배정할 때 장로님들은 두 분씩 사이좋게 방을 사용하고, 나는 배려를 받아 독방을 썼다. 그런데 그게 배려가 아니었다. 일정을 마치고 숙소에서 혼자 잠을 청하는데, 왠지 허전하고, 히터가 나와도 추웠다. 그래서 늦은 시간이지만 휴대 전화로 집에 전화해 보았다. 그런데 이상하게도 "슈슈로이 하이트 로하이 사햐크 (내 귀에는 그렇게 들렸다. 아마 잘못 걸었으니 다시 하라는 말인 것 같다)"라는 말만 반복해서 나왔다. 다시 해도 마찬가지였다. 속으로 '마누라가 그 사이에 전화번호를 바꿨나!' 하고 다시 누워 잠을 청하는데 왜 그렇게 춥게 느껴지는지……. 그곳에는 나 혼자였기 때문이다.

〈전도서〉에 나오는 '두 사람'은 남편과 아내를 말하기도 하지만, 그보다는 팔레스타인 지역을 여행하는 여행자들이기도 하다. 유대 광야

는 낮에는 기온이 높지만 밤에는 급강하한다. 그 추위를 함께 이기기 위해, 두 사람이 온기를 나누는 장면을 말하고 있는 것이다.

우리가 잘 아는 다윗도 참 추운 인생을 살았다. 장인이 왕이었는데 워낙 사위가 탁월하니까 자기 자리를 빼앗을까 봐 10년 동안 죽이려고 달려들었다. 그래서 다윗은 광야에서 지냈다. 유대 광야의 찬 이슬을 맞으면서 차가운 밤을 지내던 인생이었다. 그런데 그 추위를 견딜 수 있도록 도와준 사람이 있었다. 처남이자 친구인 요나단이었다. 사실 요나단은 왕자였기 때문에 아버지처럼 오해했다면 다윗을 라이벌로 생각할 수 있었다. 그러나 그는 하나님의 뜻을 알기에 경쟁자의 위치에 서지 않고 후원자로 섰다.

요나단은 다윗을 자기 생명 같이 사랑하여(삼상 18:3)

진짜 좋은 친구는 자신의 생명처럼 아껴 준다. 요나단은 아버지가 다윗을 죽이려 할 때마다 도망갈 수 있도록 도와주었다. 그리고 〈사무엘상〉 23장을 보면 다윗이 쫓겨서 광야에 숨어 있을 때의 일이 나온다. 이때 요나단이 숨은 다윗을 찾아가 어떻게 하는지 보자.

사울의 아들 요나단이 일어나 수풀에 들어가서 다윗에게 이르러 그에게 하나님을 힘 있게 의지하게 하였는데(삼상 23:16)

진짜 좋은 친구는 세상의 것을 의지하도록 하는 것이 아니라, 하나님만을 바라보도록 한다. 그래서 인생의 어려움을 이기도록 도와주는 것이 진정한 친구다.

곧 요나단이 그에게 이르기를 두려워하지 말라 내 아버지 사울의 손이 네게 미치지 못할 것이요 너는 이스라엘 왕이 되고 나는 네 다음이 될 것을 내 아버지 사울도 안다 하니라(삼상 23:17)

나는 여기서 예수 잘 믿는 사람이 어떤 사람인지에 대한 중요한 힌트를 얻었다. 옆에 있는 사람을 경쟁자로 보는 게 아니라 친구로 여길 줄 아는 사람이다. 내가 주목받지 않아도 된다. 내가 그 자리에 오르지 않아도 된다. 친구가 그 자리에 서기만 해도 좋은 사람이다. 그런 친구를 만나고 그런 친구가 될 수 있기를 바란다.

인도의 성자, 선다싱이 네팔 전도를 위해 히말라야를 넘을 때의 일이다. 히말라야를 넘던 중에 어떤 사람이 쓰러져 있었다. 썬다싱보다 앞서 가던 사람은 '내 몸 하나도 어떻게 할 수 없는데, 누구를 돕겠는가'라고 생각하고 그냥 가버렸다. 그러나 썬다싱은 "아직 숨이 붙어 있는데 어떻게 그냥 갈 수 있는가, 이 사람을 포기할 수 없다" 하고 업고

갔다. 한 사람을 업고 가니까 얼마나 힘들었겠는가! 한참을 가다가 얼어 죽은 사람을 보게 되었는데 바로 혼자 앞서 갔던 사람이었다. 그 사람은 얼어 죽었는데, 자기는 등에 업은 사람 때문에 온몸에 땀을 흘려 살았던 것이다. 여기서 썬다싱은 위대한 발견을 한다.

"남을 살리는 것이 곧 나를 살리는 것이다."

내가 누군가의 친구가 되어 주면, 나도 살고 그도 살릴 수 있다. 친구의 따뜻한 온기로 뼛속 깊은 인생의 추위를 이길 수 있다.

인생에서 승리할 수 있다

> 한 사람이면 패하겠거니와 두 사람이면 맞설 수 있나니 세 겹 줄은 쉽게 끊어지지 아니하느니라(전 4:12)

나는 이 대목을 읽을 때마다 다니엘의 세 친구가 생각난다. 느부갓네살 왕이 신상 앞에 절하지 않으면 극렬히 타는 풀무불에 넣겠다고 엄포를 내린다. 그럼에도 불구하고 다니엘의 세 친구는 영적 도전 앞에서 당당하게 싸워 이긴다. 어떻게 그럴 수 있었는가? 그들은 혼자가 아니었기 때문이다. 세 친구였다. 성경에 사드락, 메삭, 아벳느고는 항상 함께 등장한다. 사드락, 메삭, 아벳느고가 한마음이 되어 나아갈 때, 예수 그리스도께서도 그들과 함께해 주셨다.

왕이 또 말하여 이르되 내가 보니 결박되지 아니한 네 사람이 불 가운데로 다니는데 상하지도 아니하였고 그 넷째의 모양은 신들의 아들과 같도다 하고 (단 3:25)

여기서 말하는 '신들의 아들'은 구약학자들에 의하면 구약 속에 현현하신 예수 그리스도라고 말한다. 교회 속에서 성도들이 연합하고 하나 되면, 예수 그리스도께서 함께하시는 줄 믿는다. 승리로 인도해 주신다.

현대판 다니엘의 세 친구와 같은 사람들이 있다. 미국 9.11 테러 사건이 일어날 때였다. 미국 펜실베이니아 상공을 평화롭게 날던 유나이티드항공 93비행기가 수류탄과 폭탄으로 무장한 4명의 테러범들에게 납치되었다. 비행기 조종간이 테러범에게 접수되었고 곧장 백악관으로 돌진하기 시작했다.

9.11 테러의 목표는 세 군데였다. 자본주의의 상징인 월드 트레이드 센터, 그리고 군사력의 상징인 미국 국방부 펜타곤, 마지막이 세계의 심장인 백악관이었다. 비행기가 납치된 것을 알고, 한 기독교인이 위성 전화로 교환에게 납치 사실을 알려주었다. 그리고 통화 중인 수화기를 통해 납치된 비행기의 상황이 생중계되었다. '행동 개시(Let's roll)'라는 외침과 함께 승객들이 중무장한 테러범들에게 맨몸으로 돌진했다. 당황한 테러범들은 비행기를 곧장 추락시켜 사람이 없는 도시 외곽에 떨어졌다.

그때 행동 개시를 외쳤던 신실한 기독교인 타드 비머(Todd Beamer) 와 함께, 행동 개시에 들어간 승객들이 있었기에 더 큰 희생을 막을 수 있었다. 이들의 용기 있는 승리를 그린《Let's roll》이라는 책이 전 세 계 베스트셀러가 되었다.

신앙생활의 승리를 위해서도 반드시 친구가 필요하다. 함께 행동 개시에 들어갈 친구가 꼭 필요하다. 글렌 와그너 목사는 이런 이야기 를 한다.

"사탄은 견고한 연합 가운데 있는 성도를 쉽게 공격하지 못한다. 그 러나 홀로 고립되어 있는 성도들은 사탄이 쉽게 공격하여 넘어뜨린다."

언젠가《런던 타임스》가 "친구"라는 말의 정의를 공모한 적이 있다. 이에 많은 사람들이 응모한 결과가 세 가지였다.

'친구란 온 세상과 모든 사람이 다 나를 버릴 때, 찾아와 주는 사람 이다.'

'친구란 너무 괴로워서 아무 말도 하지 못하고 침묵할 때, 말 없이 나를 이해해 주는 사람이다.'

'친구란 내가 기쁜 마음을 가지고 만나면 기쁨이 배가 되고, 내가 고 통스러울 때 만나면 고통이 반으로 감해지는 사람이다.'

이런 친구가 있는가? 혹시 자신이 없다면 당신은 친구가 필요한 사 람이다. 넘어져 있을 때 내 손을 잡아 일으켜 줄, 인생의 추위를 막아 줄, 그리고 함께 승리를 맛보게 해 줄 친구가 필요하다. 당신은 정말 친구가 필요하다.

유혹의 삼박자

경제적인 어려움을 겪고 있던 한 목사가 아내에게 당부했다.

"여보, 미안하지만 형편이 나아질 때까지 생활비를 좀 줄여야겠소! 옷 사는 건 절제해 주세요!"

목사가 참 미안한 마음으로 자존심을 내려놓고 부탁했다. 그런데 며칠 뒤 아내가 새 옷을 들고 들어왔다. 목사가 그걸 보고 착잡한 마음에 입을 열었다.

"여보! 옷은 예쁘고 좋은데, 내가 당신에게 부탁한 것 잊었어요?"

"아뇨. 제가 가게에 걸려 있는 이 옷을 보고 마음이 확 끌려서 한 번

입어만 보자고 생각했는데, 사탄이 계속 괜찮다고 사라지 뭐예요!"

"그럴 때는 내가 어떻게 하라고 가르쳐 주었소? 사탄아, 뒤로 물러가라! 너는 나를 넘어지게 하는 자로다!"

"했죠! 제가 사탄아, 뒤로 물러가라! 그랬더니 뒤로 물러간 사탄이 글쎄 '뒤태도 예뻐!' 하던걸요."

사탄의 유혹은 이처럼 다각적이다. 그런데 여러 유혹 중에 가장 강력한 게 뭘까? 예나 지금이나 한 번 걸리면 빠져나오기 어려운 성적 유혹이 정말 무서운 것이다. 내가 담임 목사로서 요즘 가장 많이 받는 상담이 무엇인지 아는가? 예전에는 고부 갈등, 자녀 문제, 경제 문제 같은 것이었다. 그런데 이제는 "남편에게 딴 여자가 생겼어요!", "목사님! 아내가 의심스러워요!"라고 말하는 성도들이 많아지고 있다.

보통 믿는 성도들은 이런 문제를 우습게 보는 경향이 있다. 하지만 가볍게 여기면 안 될 것이 이 유혹에 누가 넘어갔는가? 하나님의 마음에 합한 사람 다윗이 넘어갔다. 할 일이 없이 거닐다가 목욕 중인 여성의 나체를 보았다. 욕정이 솟아올랐다. 결국 우리아의 아내 밧세바를 범하고, 그 화근을 없애기 위해 우리아까지 죽이고 만다.

성경에 헤라클레스라고 할 수 있는 나실인 삼손은 델릴라의 무릎을 베는 달콤함에 넘어가 머리카락이 잘리고 눈이 뽑히고 말았다. 배울 만큼 배웠다고? 지성인이라고? 부부 관계에 문제가 없다고 호언장담하지 말기 바란다.

《유혹의 기술》이라는 책을 쓴 로버트 그린(Robert Greene)은 '인류의 역사는 유혹으로 시작했다'라고 말한다. 태초에 에덴동산에서 하와가 뱀의 유혹을 받아 선악과를 따먹으면서 인간은 유혹하고 또 유혹받으며 사는 존재가 되었다는 것이다. 그 정도로 우리는 유혹에 노출되어 있다.

오늘날의 사회는 유혹이 정당화되는 사회다. 드라마, 광고, 영화 등 섹스를 어필하지 않는 것이 없다. 아줌마들이 좋아하는 드라마에는 깎아 놓은 것처럼 잘생긴 남자들이 부인 눈을 피해 바람피운 이야기, 철없을 때 임신해서 나중에 자녀를 만나는 이야기 등 불륜을 낭만으로 묘사한다. 그런데 더 문제는 유혹이 정당화된 사회에 살면서 나도 모르는 사이에 가치관이 변하는 것이다. 얼마나 더 자극적으로 유혹하느냐, 얼마나 더 욕망의 늪을 자극할 수 있느냐가 능력이자 경쟁력인 시대가 되었다.

그런데 〈창세기〉 39장에 보면 참으로 유혹을 잘 이겨낸 사람이 나온다. '유혹이 경쟁력'이 아니라 '순결이 경쟁력'이 된 요셉이다. 요셉은 형들에 의해 노예로 팔려 우여곡절 끝에 보디발의 집에 오게 되었다. 여기에서 열심히 살아보려고 했다. 그런데 보디발의 아내가 요셉을 유혹한다. 요셉은 쉽지 않는 유혹에도 참으로 멋있게 순결을 지킨다. 우리에게 참 멋진 모델이 되어 준 요셉의 이야기를 통해 사단이 주로 어떻게 다가오는지 유혹의 삼박자를 찾아보자. 이걸 잘 간파해서 유혹을 즐기는 시대에, 순결한 주의 백성으로 승리하는 우리가 되기를 주의 이름으로 축복한다.

약점을 파고든다

그리스 신화에 보면, 전설적인 영웅 아킬레우스가 나온다. 태어나자마자 그의 어머니는 제우스에게 이 아이를 불사(不死)의 몸으로 만들어 달라고 간청한다. 그 청이 받아들여져서 제우스는 아이를 '스티크스 강'에 담그면 칼과 창이 뚫지 못하는 강철 몸이 된다고 알려 주었다. 어머니는 그 말대로 어린아이 아킬레우스의 발뒤꿈치를 잡고 거꾸로 강 속에 몸을 넣었다. 그랬더니 정말 강철로도 뚫지 못하는 초인으로 변했다. 대단한 영웅이 된 것이다.

그러나 약점이 있었다. 어머니가 손으로 잡고 있었던 발뒤꿈치가 가장 연약한 부분이었다. 결국 트로이 전쟁 중에 그 약점을 겨냥한 파리스의 화살에 의해 숨을 거둔다. 여기에서 유래된 말이 치명적인 약점을 뜻하는 '아킬레스건'이다. 그런데 사람은 누구나 아킬레스건을 지니고 있다. 다 약점이 있다.

그런데 이걸 나만 알면 참 좋겠는데, 꼭 적이 알고 있다는 게 문제다. 아킬레우스의 약점을 파리스가 알고 있었던 것처럼, 사탄은 기가막히게 우리의 약점을 잘 알고 있다. 이역만리에 노예로 팔려 와 종살이하던 요셉에게 가장 그리운 것이 무엇일까? 한 가정에서 부모님의 사랑을 듬뿍 받고 자랐다. 이런 저런 기대도 한 몸에 받았다. 형들이 시기해서 그렇지 부러울 것이 하나 없었다. 그런데 한순간에 가족을 잃고 노예로 전락했다. 노예 시장에서 짐승처럼 팔려 여기까지 왔다. 가장 그리운 것은 따뜻한 가정에 대한 향수였을 것이다. 엄마가 있고 누이가 있는……. 그런데 이런 요셉에게 보디발의 아내가 어떻게 하는가?

> 그 후에 그의 주인의 아내가 요셉에게 눈짓하다가 동침하기를 청하니 (창 39:7)

누구도 사람 취급하지 않는 노예인데, 아무리 가정 총무로 인정받았다고 해도 노예는 노예다. 그런데 사람대접을 해준다. 그것도 비단결 같은 피부의 누이가 미소를 짓는다. 가슴이 녹을 것이다. 그렇게 눈짓하다가 어느 날 동침하기를 청한다. 이 달콤한 유혹은 요셉의 심장을 쿵쾅거리게 했을 것이다. 입술이 바싹 마르고, 속이 타들어 갔을지도 모른다. 그만큼 참기 어려웠을 것이다. 거기다 이 유혹이 거절하기 힘든 것은 기회이기도 했기 때문이다. 이국땅에서 아무런 후원자 없이 외롭게 혼자 살던 힘없는 히브리 노예에게 이보다 더 확실한 보장이 어디 있는가? 기둥서방만 되어 주면, 확실한 백그라운드가 생기는 기회였다.

그러므로 보디발 아내의 유혹은 마치 아킬레우스의 유일한 약점인 발뒤꿈치를 겨냥한 파리스의 화살처럼 정확하게 요셉의 약점을 향하고 있었던 것이다.

그런데 뱀은 여호와 하나님이 지으신 들짐승 중에 가장 간교하니라(창 3:1)

이 간교한 사단은 한국 사람이 어디에 약한지도 잘 알고 있다. 세상을 떠들썩하게 했던 고려대 의대 남학생들이 동료 여학생을 성추행한 사건을 기억할 것이다. 세 명의 남학생이 엠티에 가서 술 취한 동료 여학생을 성추행한 사건이다. 대법원에서 실형 확정 판결이 났다. 그것뿐만 아니라 3년 동안 인터넷상에 신상 공개가 명령되고, 학교 측에서는 출교 조치가 되었다. 고대 의대생이면 배울 만큼 배웠다. 그리고 4명은 동고동락하면서 어려운 의대 공부를 함께한 친구 사이였다. 그런데 친구를 성추행하고 23차례에 걸쳐 여학생의 몸을 휴대 전화로 촬영했다. 뭐가 문제였을까? 술에 취한 상태라는 게 문제다. 이게 한국 사람의 치명적인 약점이다. 사단이 너무나도 잘 알고 있는데 가만히 두겠는가?

또 한국 사람은 언제 약할까? 긴장이 풀어질 때다. 그래서 휴가철을 조심해야 한다. 모르긴 몰라도 올 여름에도 '해운대표 베이비'가 엄청 생길 것이다. 찬바람이 부는 가을이 되면, 그 아가들은 낙태 수술로 전국 산부인과 쓰레기통에 무참하게 버려진다.

요셉을 보자! 언제 이런 유혹이 찾아왔는가? 한창 뺑뺑이 돌고 있을 때, 이리저리 팔려 다닐 때가 아니다. 이제 보디발의 집에서 어느 정도 자리 잡을 때다. 모처럼 안정이 찾아왔다. '이제 태풍이 지나갔구나!'라고 안도의 숨을 내쉴 때였다. 그리고 주인도 하나님이 요셉을 형통하게 하는 것을 보고, 어떤 자리에 세워 놓았는가?

> 그가 요셉을 가정 총무로 삼고 자기의 소유를 다 그의 손에 위탁하니(창 39:4)

우리는 긴장이 풀어질 때를 정말 조심해야 한다. 가장 스트레스가 큰 직업이 무엇일까? 내가 보기에 의사와 목사가 거의 비슷하다. 초긴장이다. 그런데 목사는 잠도 편히 못 잔다. 새벽 예배를 인도해야 하니까. 그런데 그런 목사가 언제 가장 위험할까? 교회를 떠날 때, 세미나 갈 때, 정말 조심해야 한다. 그래서 나는 반드시 아내와 동행한다. 사도 바울이 이렇게 말했다.

> 그런즉 선 줄로 생각하는 자는 넘어질까 조심하라(고전 10:12)

사단은 우리의 약점을 파고들기 때문이다. 우리가 어떤 상황에 넘어지는지, 언제 건드리면 넘어지는지, 정확한 타이밍까지 다 알고 있다. 넘어지지 않도록 깨어 있기를 주의 이름으로 축원한다.

집요하게 다가온다

그 후에 그의 주인의 아내가 요셉에게 눈짓하다가 동침하기를 청하니
(창 39:7)

여인이 날마다 요셉에게 청하였으나 요셉이 듣지 아니하여(창 39:10)

눈짓을 하다가 기회를 보더니 동침하기를 청해 온다. 꼬리를 치는 것이다. 이후에도 날마다 청했다고 한다. 마치 큐티나 새벽 기도 하듯이 집요하게 요청한 것이다. 그래도 안 되니까 더욱 과감해진다.

그 여인이 그의 옷을 잡고 이르되 나와 동침하자(창 39:12)

사탄은 우리가 다가오는 유혹을 양심으로 한 번은 거절하지만, 신앙으로 두 번은 거절할지 모르지만, 세 번은 거절할 수 없는 여린 사람이라는 것을 너무나도 잘 알고 있다. 그래서 사탄의 가장 효과적인 전략이 뭘까? 집요하게 계속 다가오는 것이다. 이 집요한 유혹에 넘어간 성경 대표적인 인물이 삼손이다. 삼손은 하나님이 특별한 힘을 주셔서 두려울 것이 없던 사람이었다. 그의 강한 힘으로 블레셋과 싸워서 언제나 승리를 거두었다. 나귀 턱뼈로 1,000명의 블레셋 사람을 죽인 장수였다. 그런데 이 위대한 장수를 쓰러뜨린 것은 거대한 군대가 아

니었다. 델릴라라는 약한 여인이었다. 사실 델릴라는 삼손의 힘을 캐내려 했지만 번번이 실패했다. 그러나 델릴라가 얼마나 집요했는지 사사기에 잘 나와 있다.

> 날마다 그 말로 그를 재촉하여 조르매 삼손의 마음이 번뇌하여 죽을 지경이라(삿 16:16)

삼손의 약점을 알아내기 위해 하도 집요하게 유혹해서, 보채는 여인에게 그저 한 번 귀뜸해 주었다. 그런데 결과는 비참했다. 머리카락이 잘리는 순간 하나님은 힘을 거두어 가셨다. 삼손은 블레셋 사람들에게 머리카락이 잘리고 눈알이 뽑힌 채, 큰 맷돌이나 돌리는 처지로 전락했다.

사탄은 우리가 모질지 못하다는 것을 너무도 잘 안다. 한 번 두 번은 거절하지만, 세 번은 거절하지 못하는 여린 사람이라는 것을 안다. 그래서 사탄은 우연을 가장한 상황을 자꾸 만든다. 그러면 이 멍청한 사람들이 그걸 어떻게 생각하는 줄 아는가?

"이건 운명이야!"

사실은 그것이야말로 사탄의 가장 손쉬운 전략인데 말이다. 우리는 이걸 제대로 깨닫고, 사탄 이상으로 더 집요하게 거절할 줄 아는 하나님의 백성들이 될 수 있기를 주의 이름으로 축원한다.

은밀하게 손짓한다

성적 유혹의 또 다른 무기는 '은밀성'이다. 보디발의 아내가 요셉을 유혹할 때, 그 집이 어떠했다고 하는가?

> 그러할 때에 요셉이 그의 일을 하러 그 집에 들어갔더니 그 집 사람들은 하나 도 거기에 없었더라(창39:11)

아무도 없을 때 일이 벌어진다. 유혹은 늘 이렇게 은밀하게 다가온 다. 그 은밀함으로 우리에게 안전하다고 손짓한다. 그러므로 우리는 보는 사람이 없을 때 조심해야 한다. 사람들은 "보는 눈이 무섭다. 보 는 눈이 있으니까 조심해야 한다"라고 말한다. 그런데 실제로는 보는 눈이 없을 때가 더 무서운 것이다. 더 위험한 것이다.

지방 자치 단체장 중에 집무실에 CCTV를 설치한 분이 있다. 성남 시의 이재명 시장이다. 그는 지식 경제부가 후원하고 포브스코리아 (Forbes Korea)가 주최한 '2012 대한민국 글로벌 CEO'로 선정된 분 이다. 그런데 나는 그가 글로벌 CEO로 인정받은 것보다, 어떻게 자기 집무실에 CCTV를 달았느냐 하는 것이 더욱 궁금했다. 알고 보니 시 장이 되고 나니까 사람들이 돈 봉투를 들고 많이 오더란다. 그래서 아 예 CCTV를 달았다는 것이다. 그러면서 그가 "CCTV를 단 것은 청렴 하게 시정을 운영하기 위한 것이기도 하지만, 유혹을 이기기 위한 최소한 자구책이기도 했다"라고 말했다. 무슨 이야기인가? 보는 눈이 있어야 유혹에 빠지지 않더라는 것이다.

사탄은 우리에게 종종 '아무도 보지 않는다'라고 속삭인다. 그런데 정말 보는 눈이 없는가? 적어도 그 질퍽한 현장을 하나님이 보고 있고, 우리 영혼의 눈도 보고 있다.

그렇다면 약점을 파고드는 이 유혹, 집요하게 다가오는 성적인 유혹, 은밀하게 '괜찮다고 아무도 모른다'라고 손짓하는 유혹들을 어떻게 하면 좋을까? 요셉이 어떻게 대처했는지, 몇 가지 행동 요령을 찾아보자.

첫 번째로 단호하게 거절해야 한다. 요셉은 한 번도 우물쭈물한 적이 없다. 바로 거절했다. 처음에 눈짓하며 동침을 요구해 오자 요셉은 바로 거절한다. 조금도 망설임이 없었다.

> 주인의 아내가 요셉에게 눈짓하다가 동침하기를 청하니 요셉이 거절하며 (창 39:7-8)

> 여인이 날마다 요셉에게 청하였으나 요셉이 듣지 아니하여 동침하지 아니할 뿐더러 함께 있지도 아니하니라(창 39:10)

요셉은 거절할 뿐만 아니라 아예 함께 있지도 않았다. 또 여인이 옷까지 부여잡고 달아오른 몸을 내던질 때도 단호하게 거절하였다.

그 여인이 그의 옷을 잡고 이르되 나와 동침하자 그러나 요셉이 자기의 옷을
그 여인의 손에 버려두고 밖으로 나가매(창 39:12)

만일 요셉이 "조금 고민해 보고 말씀 드릴게요"라고 했다면, "자매여, 우리 기도해 보고 결정합시다!"라고 했다면, 상황은 완전히 뒤집혔을 것이다. 요셉의 단호함이 우리에게도 있기를 바란다.

남자 성도들은 1,2차 회식에서 겨우 잘 버텨 그리스도인답게 품위를 유지한다. 그런데 동료들이 3차를 간다고 한다. 그게 뭐 하는 자리인지 안 봐도 비디오다. 그럴 때 "실은 집에 부모님이 와 계시고, 애가 아파서……"라고 핑계를 대지 말고 분명하게 말해야 한다.

"저는 안 갑니다."

여자 성도들이 초등학교 동창 모임에 갔다가 묻지마 관광 비슷한 자리에 가자는 유혹을 받는다. 그때 "나는 안 해!"라고 하면 저쪽에서 그런다. "한 번인데 어때! 요즘 교회 다녀도 다 하던데……" 그때 "남사스럽게 어떻게 그러느냐"라고 말하지 말고, 바로 "나는 안 해!"라고 말하자.

"에이. 목사님! 그렇게 했다가 회사에서 왕따당하기 십상이에요. 사회생활 곤란해집니다."

만일 그렇다면, 사회생활 곤란해질 것을 생각해 요셉도 하룻밤 자고 화대를 받듯이 미래를 보장받아야 했을 것이다. 이렇게 살면 세상에서 따돌림당할 것 같은가? 보디발의 아내가 옷까지 잡으며 매달렸

는데, 요셉이 무슨 벌레 보듯 나가 버렸다. 보디발의 아내는 자존심이 상했다. 그래서 남편이 오기를 기다렸다가 펄펄 뛴다. 요셉이 자기를 겁탈하려고 했다고 뒤집어씌운다. 그런데 보디발이 요셉을 어떻게 하는가?

> 이에 요셉의 주인이 그를 잡아 옥에 가두니 그 옥은 왕의 죄수를 가두는 곳이 었더라(창 39:20)

이상하지 않은가? 옥에 가두지 죽이질 않는다. 보디발은 바로의 친위대장이다. 손에 늘 칼을 들고 언제든지 즉결 처분을 내릴 수 있는 권한이 있다. 또 요셉은 자기 물건과도 같은 노예다. 생사여탈이 주인에게 있다. 그런데 옥에 가둔다. 무슨 말인가? 보디발도 아내의 정숙치 못함을 어느 정도는 알고 있었을 지도 모른다.

세상은 발정 난 개처럼, 미친 듯이 살아간다. 이렇게 사는 것이 아닌 것을 알면서도, 충혈된 눈으로 가쁜 숨을 몰아쉬면서 주체할 수 없는 욕정의 노예가 되어 살아간다. 그러면서 우리를 보고 있다. 우리가 어떻게 하는가? 같이 헐떡거리며 미쳐 가는가, 아니면 순결한 그리스도인으로 사는가. 그때마다 유혹에 넘어지는 성도들이 우리 가운데 한 명도 없기를 기도한다.

두 번째로 묵상하지 말아야 한다. 단호하게 거절하려면 묵상하면 안 된다. 요셉이 잠시라도 묵상했다면, 그 유혹의 달콤함과 여주인을 배경 삼아 올라갈 자리를 생각했다면 즉각적인 거절은 불가능하다. 묵상하면 머뭇거리게 되어 있다. 성경에 유혹을 묵상했다가 낭패를 본 사람이 있다. 다윗이다.

> 저녁 때에 다윗이 그의 침상에서 일어나 왕궁 옥상에서 거닐다가 그 곳에서 보니 한 여인이 목욕을 하는데 심히 아름다워 보이는지라 다윗이 사람을 보내 그 여인을 알아보게 하였더니(삼하 11:2-3)

어쩌다 여인의 알몸을 보게 된 것이야 어쩌겠는가. 그런데 거기서 멈추지 않는다. 묵상에 들어간다. 그래서 알아보고, 그 다음 여인을 데리고 오게 하고, 겁탈하고, 결국은 살인까지…….

그래서 루터가 아주 중요한 이야기를 하지 않았는가?

"새가 머리 위로 날아가는 것이야 어찌할 수 없으나, 내 머리 위에 둥지를 틀지는 못하게 하라!"

반면, 요셉은 유혹을 묵상한 것이 아니라, 그 가슴 설렘과 짜릿함을 묵상한 것이 아니라, 대신 누구를 묵상하는가?

> 내가 어찌 이 큰 악을 행하여 하나님께 죄를 지으리이까(창 39:9)

하나님을 깊이 묵상하므로, 유혹을 묵상하려는 자리에서 벗어날 수 있기를 주의 이름으로 축복한다.

에스키모 인은 칼 한 자루와 짐승의 피만으로 늑대를 사냥할 수 있다. 먼저 예리한 칼날에 짐승의 피를 발라 그것이 얼 때까지 놓아둔다. 그런 뒤 그 위에 피를 발라 얼리고, 또 피를 발라 얼리는 과정을 반복해서 칼날이 완전히 피로 덮일 때까지, 피로 코팅될 때까지 계속한다. 그런 다음 칼날을 위로 세워서 땅에 단단히 박는다. 그러면 야행성인 늑대가 밤중에 피 냄새를 맡고 접근해서 칼날을 핥기 시작한다. 얼어붙은 짐승의 피와 싸늘한 금속이 늑대의 혀를 마비시킨다. 결국 늑대는 칼날에 제 혀를 베어 더운 피를 맛보게 된다. 그런데 늑대는 이미 피 맛을 본지라 고통을 느끼지 못한 채 허겁지겁 핥다가 혀가 베인다. 결국 늑대는 자기 피를 먹다가 서서히 죽어간다.

성적 유혹도 마찬가지다. 약점을 파고들어, 피가 발린 칼을 핥도록 하는 것과 같다. 집요하게 다가온다. 나도 모르는 사이에 은밀하게 자신의 피를 먹고 마시는 것이다. 결국 영혼도 파괴되고 가정도 산산조각이 나는 성적 유혹을 단호하게 거절할 수 있기를 바란다. 더 나아가서 유혹을 묵상하는 것이 아니라, 주님의 말씀을 더 깊이 묵상하여 이 시대에 요셉과 같은 그리스도인으로 우뚝 설 수 있기를 주 예수 이름으로 축원한다.

세상에서 승리하고 싶은 당신에게

1+1 인생

해외에 나가면 사람들이 무엇부터 보는지 아는가? 대개 그 나라의 간판, 표지판을 먼저 보게 된다. 나도 처음 미국에 유학 갔을 때 길을 다니면서 열심히 간판을 보았다. 나의 짧은 영어 실력은 간판 영어라고 보면 틀림없다. 간판 공부를 얼마나 열심히 했는지, 아내가 제발 좀 그만 두리번거리라고 면박을 줄 정도였다. 보이는 대로 간판을 읽어 내려가다가 어떤 가게에 붙은 광고 글귀가 눈에 확 들어왔다.

"Buy one get one free!"

"Buy one(하나 사면)", "Get one free(하나 더 공짜)"

요즘 한국에도 1+1 마케팅 기법이 들어와 널리 사용된다. 나는 그 광고 문구를 보고 한국 사람답게 의심부터 했다. 덤으로 주는 것은 뭔가 문제가 있을 거라고, 어디 흠이 있는 거라고 말이다.

그런데 어느 날 아내가 운동화를 하나 사는데 따라갔다. 그 옆에 서 있는 내게도 멀쩡한 운동화 하나를 그냥 주었다. 아내가 고른 것이 하나를 사면 하나를 더 주는 아이템이었다. 공짜로 주는 물건에는 무언가 문제가 있을 거라는 생각에 이리 뜯어보고 저리 뜯어봤다. 그런데 아무리 봐도 제대로 된 정품이었다. 그 신발을 신고 밖으로 나왔다. 그런데 기분이 이상했다. 내가 그 신발을 신을 때마다 머릿속으로 한 줄이 지나갔다. "Buy one get one free!"

괜히 어디서 얻어 신은 싸구려 신발처럼 느껴졌다. 모양도 안 나는 것 같고, 발도 불편한 것 같고, 멀쩡한 신발인데 기분이 그랬다.

〈창세기〉를 보면 이처럼 멀쩡한데도 싸구려 취급을 받은 한 사람이 나온다. 그 이름은 레아다. 레아를 싸구려 취급한 사람이 누구인가? 다름 아닌 남편 야곱이다. 야곱이 외삼촌 라반의 집에서 타향살이할 때의 일이다. 형 에서를 속여 장자권을 빼앗은 야곱은 분노에 차서 죽이겠다고 달려드는 에서 때문에 어쩔 수 없이 외삼촌 라반의 집으로 몸을 피했다. 외삼촌 집에서 그의 딸 라헬을 만났다. 야곱이 한눈에 뿅 갔다. 정신을 못 차린 것이다. 라헬을 아내로 맞고 싶은 마음이 불같이 일어났다. 당시에는 남자가 결혼하려면 지참금을 신부 아버지에게 줘야 했다. 말이 좋아서 지참금이지 사실은 돈을 받고 파는 것이다. 그런데 도망 나온 야곱의 처지에 무슨 지참금이 있겠는가? 그래서 야곱이 돈을 좋아하는 라반에게 아주 매력적인 제안을 한다.

> 작은 딸 라헬을 위하여 외삼촌에게 칠 년을 섬기리이다(창 29:18)

야곱이 어떤 사람인가. 우리가 아는 야곱의 성정을 볼 때, 라헬을 위하여 칠 년을 무보수로 일한다는 것은 대단한 것이다. 사랑하는 사람을 위해 돈이 없으니 몸으로 때우겠다는 것이다. 그런데 우리를 더 기절시키는 것은 이렇게 일한 칠 년을 어떻게 여겼다고 하는가?

"그를 사랑하는 까닭에 칠년을 며칠같이 여겼더라"

칠 년을 며칠같이 여기면서 살다가 드디어 그 정한 기한이 다 되었다. 얼마나 이 날을 손꼽아 기다렸을까? 기한이 되자마자 야곱이 라반에게 요구한다.

> 야곱이 라반에게 이르되 내 기한이 찼으니 내 아내를 내게 주소서 내가 그에게 들어가겠나이다(창 29:21)

이스라엘의 결혼 풍습은 일주일 동안 잔치가 벌어진다. 잔치하는 동안 야곱이 얼마나 기뻤을까? 저녁이 되었다. 축하주를 마시고 비몽사몽간에 첫날밤을 치렀다. 날이 밝았다. 그런데 옆에 누워 있는 사람이 꿈에 그리던 라헬이 아니었다. 이게 무슨 해괴망측한 일인가? 신부가 바뀐 것이다. 라헬이 아닌 레아와 첫날밤을 치룬 것이다. 그래서 외삼촌에게 따져 묻는다. 이게 어떻게 된 일이냐고? 라반이 구차하게 변명한다.

> 라반이 이르되 언니보다 아우를 먼저 주는 것은 우리 지방에서 하지 아니하는 바이라(창 29:26)

일단 맏이 레아와 결혼했으니 칠 일을 채워 결혼 예식을 다 마치면, 그때 진짜 라헬을 줄 테니 칠 년을 더 일하라는 것이다. 잔머리로 유명한 야곱이 제대로 적수를 만난 것이다. 외삼촌에게 발목이 잡혀 칠 년을 더 일할 판이 되었다. 그래도 라헬을 사랑하는 순정이 있기에 어금니 꽉 깨물고 그렇게 하기로 마음먹었다. 야곱이 일주일 동안 어떻게 보냈을까? 라헬만을 기대하며 보냈다면 막 결혼한 레아는 도대체 뭐란 말인가? 레아는 라헬의 덤으로 얹혀 산 인생인 것이다. 바로 1+1 인생을 산 대표적인 사람이다.

'잉여 인간'이라는 말을 들어 보았는가? 원래 '잉여'라는 말은 '다 쓰고 난 나머지', '별 필요가 없는 나머지'라는 뜻의 경제 용어였다. 그래서 잉여금은 '재정에서 1년 동안 필요한 비용을 다 지출하고 남는 출납 잔액'을 말한다. 잉여 노동은 '노동자가 자기 생계를 유지하기 위해 노동하는 그 이상의 노동'을 말한다. 원래가 '잉여'라는 것이 이런 것이다.

그런데 이런 '잉여'가 '인간'을 만나 세상에서 가장 슬픈 단어가 되었다. 필요 없는 인간이 있을까? 불필요한 인간은 없다. 우리 각자는 하나님의 형상대로 지음 받은 존귀한 자이다. 그런데 세상은 '잉여 인간'이라는 말을 막 쓴다. 예전에는 젊은이들이 마음에 안 드는 사람을 '밥맛이다'라고 했다. 혹은 '비호감'이라고 말했다. 이제는 뭐라고 하는지 아는가? '잉여 같다!' 그 말은 '넌 쓰레기야'라는 말이다. 상처를 아무렇지도 않게 막 주고받으며 사는 아주 독한 세상이다.

이런 '잉여 인간' 취급을 받는 레아의 입장을 생각해 보자! 아무도 자기를 알아주지 않는다. 심지어 아버지도 라헬의 혼사에 자기를 '끼워 팔기'했다. 첫날밤을 지낸 남편이 자기 얼굴을 보고, "야곱이 아침에 보니 레아라!" 하며 얼굴을 돌렸다. 어쩌면 레아 앞에서 머리를 쥐어뜯고 비명을 질렀을 수도 있다. 이 말로 다할 수 없는 상처! 그래도 첫날밤을 함께 지낸 사이인데 벌레 보듯 하고 장인에게 달려 나간다. 그 수치심이 오죽했을까! 레아는 철저히 외면당하고, 소외받고, 버림받은 인생으로 살았다. 정말 말 그대로 1+1 인생이었다. 혹시 우리 중에 '내가 바로 이런 인생이야!'라고 생각되는 사람이 있는가?

나도 어릴 때 늘 듣던 이야기가 있었다. 나는 2남 2녀 중에 막내다. 제일 위에 누님, 형님, 또 작은 누님 그리고 나인데, 모두 2년 터울인데 나만 4년 터울이었다. 그래서 누님들이 나를 놀리며 "원래 니는 안 낳으려고 했데이. 아들이 하나니까 형 외롭지 말라고 막내를 낳았다"라고 말했다. 이게 내가 자라면서 18번으로 듣던 이야기다. 지금은 아니지만 당시에는 마음속에 상처가 되었다.

드러내고 말은 못하지만 '그래, 내가 바로 레아야!'라고 말하며 가슴에 한을 삭히고 있는 사람이 있을 것이다. 아무도 나의 존재를 알아주지 않고, 아무리 나 여기 있다고 소리를 질러도 거들떠보지 않는다. 심지어 부모, 배우자, 자녀도 나를 무시한다. 하지만 이런 상황 가운데 있다고 할지라도 괜찮다. 다시 말하지만 괜찮다. 그 어느 한 사람도 그냥 지나치지 않으시는 하나님의 은혜, 1+1 인생이라도 귀히 보시는 하나님의 사랑, 하나님의 은총을 충만하게 경험하기를 주의 이름으로 축원한다.

여호와 하나님이 보고 계신다

야곱과 라헬의 요란한 칠 년 연애 사건, 그리고 라반의 교묘한 끼워 팔기에 가장 큰 상처를 입은 사람은 레아다. 레아의 이런 아픔을 누가 보고 있었을까?

> 여호와께서 레아가 사랑 받지 못함을 보시고 그의 태를 여셨으나 라헬은 자녀가 없었더라(창 29:31)

'레아가 사랑받지 못했다'라고 하는데, 여기 사랑받지 못했다는 것을 현대적으로 이해하면 곤란하다. 단순히 무관심 속에 충분한 애정을 못 받은 정도가 아니다. 본문에 사용된 '사랑받지 못했다'라는 단어는 미워한다는 뜻의 동사 '사네'의 수동태다. 그러므로 '미움받았다'라는 것이다. 애물단지, 천덕꾸러기 취급받은 것이다. 야곱은 레아 얼굴만 보면 칠 년을 더 봉사해야 하는 것이 생각나 분통이 터졌을 것이다. 야곱이 레아를 어떻게 대했을지 충분히 상상할 수 있다.

이 결혼은 레아가 원했던 것도 아니다. 참으로 레아도 속상하고 억울한 상황이었다. 그런데 이 상황을 여호와께서 보고 계셨다. 우리 하나님은 우리가 애매히 고통받을 때도 방치하지 않으시고 우리를 긍휼의 눈으로 지켜보는 분이다. 더욱이 '레아가 사랑받지 못함을 보시고'라고 할 때, '보신다'라는 것은 단순히 사물을 보는 것을 뛰어넘는다. 하나님 편에서 그를 받아들여 주는 것이다. 인정해 주는 것을 의미한다. 똑같은 의미의 '본다'는 개념이 〈창세기〉 7장 1절에 사용되었다.

여호와께서 노아에게 이르시되 너와 네 온 집은 방주로 들어가라 이 세대에서 네가 내 앞에 의로움을 내가 보았음이니라(창 7:1)

노아가 정말 한 점 흠이 없어서 하나님이 의롭다고 하시는 게 아니다. 죄악 가득한 세상에서 하나님의 뜻대로 살려고 애쓰는 그 모습을 하나님이 받으신 것이다. 의로 인정해 주신 것이다. 레아는 계속 거절만 당했다. 누구 하나 인정해 주는 이가 없었다. 그런데 하나님께서 그를 받아들여 주신 것이다. 그리고 그의 고통을 눈여겨봐 주셨다.

성경 어디를 봐도 레아가 그런 대접을 받아야 할 이유가 없다. 어떤 사람은 창세기 29장 17절에 보면 "레아는 시력이 약하고 라헬은 곱고 아리따우니"라는 것을 보고 레아가 그런 대접받는 것이 당연하다고 생각하는 사람이 있을지도 모른다. 그런데 '시력이 약하다'는 것은 여러 가지로 해석된다. '눈'이라는 단어에 '연약하다', '유순하다'라는 의미의 형용사가 합쳐진 말이다. 그래서 어떤 번역에는 '가냘프다'라고 번역했다. 또 '유약하다'라고 번역했다. 고대 사회니까 가냘픈 것이 덜 매력적일지 몰라도, 지금 같으면 가냘픈 것이 매력의 대명사가 아닌가! 누구도 레아가 이런 취급을 당해도 괜찮다고 이야기할 수 없다. 남편으로부터, 아버지로부터 그렇게 취급받을 만큼 천덕꾸러기 인생이 아닌 것이다. 그런데 사람들이 그렇게 취급한다. 내가 덤으로 산 운동화를 보면서 괜히 그렇게 생각하듯이 말이다.

나도 이만하면 인정받고 살 만한데, 존중받을 만한데, 주변에서 이유 없이 나를 무시할 때가 있다. 심지어 머리 굵었다고 자식들이 함부로 대하기도 한다. 하지만 여호와 하나님이 보고 계시다는 사실을 기억할 수 있기 바란다. 일부러 이르지 않아도 다 지켜보고 계신다. 우리의 멍든 마음, 상처, 수치심까지…….

누구도 나를 인정해 주지 않고, 나를 지켜봐 주는 이 없어도, 속상해하지 말기 바란다. 세상이 나를 어떻게 판단해도 하나님은 절대 싸구려 취급하지 않으신다. 레아는 하나님이 지켜봐 주시며 자식 복을 허락해 주셨다. 요즘은 자식이 무슨 복인가 싶지만, 이 당시에는 큰 축복이다. 그가 아들을 낳으면서 지어 준 이름을 보면 하나님이 어떻게 위로하셨는지 실감이 난다.

> 레아가 임신하여 아들을 낳고 그 이름을 르우벤이라 하여 이르되 여호와께서
> 나의 괴로움을 돌보셨으니(창 29:32)

둘째 아들을 낳았다. 하나님이 들으셨다는 이름으로 시므온이라 이름을 지었다. 셋째 레위를 낳고 넷째 유다를 낳았다. 넷째 아들의 이름을 짓는 레아를 보면 '와! 한 차원 높은 신앙의 세계로 올라갔다'라는 느낌을 갖는다. 유다의 뜻이 무엇인가? 찬양! 쉽게 말하면 '할렐루야!'를 외치고 있는 것이다.

여호와 하나님이 들으신다

어느 날 레아의 맏아들, 르우벤이 들에서 놀다가 어떤 열매 하나를 따서 레아에게 선물했다. 그런데 그것이 공교롭게도 합환채였다. 합환채는 냄새가 향긋하고 꽃이 아름다운 '멘드레이크(mandrake)'의 열매다. 고대 근동에서는 남성들에게 성욕을 촉진시키는 사랑의 과실로, 여인들에게는 임신의 묘약으로 널리 알려져 있다. 그런데 라헬이 레아가 가진 합환채를 보고 질투가 났다. 난리를 쳐서 기어코 그 합환채를 빼앗는다. 이런 일을 당한 레아의 하소연을 들어 보자.

레아가 그에게 이르되 네가 내 남편을 빼앗은 것이 작은 일이냐 그런데 네가 내 아들의 합환채도 빼앗고자 하느냐. 라헬이 이르되 그러면 언니의 아들의 합환채 대신에 오늘 밤에 내 남편이 언니와 동침하리라 하니라(창 30:15)

동생 라헬이 마치 선심을 쓰듯이 남편을 내어 준다. 야곱은 사랑의 노예가 되어서 라헬이 잠자리를 배정할 정도로 휘둘렸다. 더욱이 라헬이 하는 말을 잘 보면 "오늘 밤에 내 남편이 언니와 동침하리라"라고 말한다. 우리 남편도 아니고, 야곱도 아니고, 내 남편이 언니와 잠자리를 하도록 해준다고 말하며 합환채를 빼앗는 것이다. 이 자존심 상하는 레아의 마음을 이해하겠는가! 그럼에도 불구하고 라헬의 제안을 따라야 하는 자신의 위치를 생각할 때 참 속상했을 것이다.

그런데 어떤 일이 벌어졌는가? 아이를 가질 수 있게 한다던 합환채는 라헬에게 있었지만 정작 태의 문이 열린 것은 레아였다. 합환채와 상관없이 레아가 아들을 갖게 된 이유로 "하나님이 레아의 소원을 들으셨으므로"라고 성경은 말한다. 하나님이 한 많은 여인, 레아의 기도를 들으신 것이다. 그래서 오히려 합환채를 빼앗긴 레아에게 아들을 허락하셨다. 마땅히 내 것인데, 빼앗긴 억울함이 있는가? 내가 힘이 있었으면 제대로 권리 주장을 할 텐데, 그렇게 하지 못한 분노가 있는가? 괜찮다. 그 합환채가 없어도, 하나님은 레아의 소원을 듣고 라헬과는 비교도 안 되는 자녀의 복을 주셨다.

당연히 내 것인데 빼앗긴 합환채가 있는가? 그냥 줘 버리자. 그것을 주면 합환채는 갈지라도, 소원을 들으시는 하나님으로부터 기도 응답이 올 줄 믿는다. 기도 응답이 내 것이 되는 것이다.

마지막 승자는 레아다

야곱의 생애 마지막을 성경이 어떻게 기록하는지 보자. 야곱은 유언장에 열두 아들을 향한 축복을 빌고 마지막 유언으로 자기를 어디에 묻어 달라고 부탁한다. '가나안 땅 마므레 앞 막벨라 밭'을 매장지로 하라고 부탁한다. 중요한 것은 왜 그 곳에 묻어야 되는지 그 이유를 소개한다.

> 아브라함과 그의 아내 사라가 거기 장사되었고 이삭과 그의 아내 리브가도 거기 장사되었으며 나도 레아를 그 곳에 장사하였노라(창 49:31)

아브라함 즉 할아버지가 장사된 곳이고, 사라 할머니, 아버지 이삭, 어머니 리브가도 장사된 가족묘이다. 그리고 조강지처라고 할 수 있는 아내 레아를 그곳에 장사하였다. 그렇게 레아를 싸구려 취급하던 남편이 마지막 순간에는 아내 레아 옆에 묻어 달라는 것이다.

> 야곱이 아들에게 명하기를 마치고 그 발을 침상에 모으고 숨을 거두니 그의 백성에게로 돌아갔더라!(창 49:33)

우리 중에 이미 레아인 분들이 있다. 참 말 못할 사정으로 한 많은 인생을 살고 있는 분들이다. 나도 존중받고 싶고, 배려받고 싶은데, 무시당하면서 사는 분들이다. 어쩌면 레아와 같은 인생을 살아야 할 분도 있을지 모른다. 이때 우리는 기억해야 한다. 우리 하나님은 레아를 무시하지 않는다. 아무리 사람들이 나를 무시하고 천대해도 결국 우리가 마지막 승리자가 된다는 사실을 기억할 수 있기 바란다. 이러한 하나님을 기억하고 위로를 얻을 수 있기를 주의 이름으로 축원한다.

1+1 인생으로 취급받던 레아의 인생 결산을 보자. 야곱의 열두 아들 중에 레아의 아들이 여섯 명이다. 다시 말하면 이스라엘의 열두 기둥 중에 여섯 기둥을 담당하게 되었다. 하나님이 여섯 기둥의 어머니로 세우셨다. 지금 이 순간에도 하나님은 우리의 마음을 어루만지시고 우리를 주목하신다. 우리의 한 많은 기도를 듣고 계신다. 그리고 우리가 믿음 위에 서면 레아를 들어 이스라엘 12지파의 절반, 6지파를 이루게 하신 하나님이 지금도 우리 속에 역사하실 줄 믿는다.

> 땅에 있는 성도들은 존귀한 자들이니 나의 모든 즐거움이 그들에게 있도다
> (시 16:3)

나는 기대한다. 분명히 우리 중에 영적 이스라엘의 지파를 이룰 하나님의 사람이 나타날 것이라 믿는다. 한 시대에 쓰임받은 일꾼이 나타나게 될 줄 믿는다. 그런 은혜를 사모하는 우리가 되기를 주의 이름으로 축복한다.